PHILOSOPHY
WHY IT MATTERS

Helen Beebee / Michael Rush

人文社会科学为什么重要

哲学
为什么重要

〔英〕海伦·毕比 迈克尔·拉什 著 李麒麟 译

北京大学出版社
PEKING UNIVERSITY PRESS

著作权合同登记号 图字：01-2019-5756
图书在版编目（CIP）数据

哲学为什么重要 /（英）海伦·毕比，（英）迈克尔·拉什著；李麒麟译. —北京：北京大学出版社，2023.2
（人文社会科学为什么重要）
ISBN 978-7-301-33751-6

Ⅰ.①哲… Ⅱ.①海… ②迈… ③李… Ⅲ.①哲学－通俗读物 Ⅳ.①B-49

中国国家版本馆CIP数据核字（2023）第025055号

Philosophy: Why It Matters, by Helen Beebee and Michael Rush, first published in 2019 by Polity Press
© Helen Beebee and Michael Rush 2019
This edition is published by arrangement with Polity Press Ltd., Cambridge
Simplified Chinese Edition © 2023 Peking University Press
All Rights Reserved
本书简体中文版专有翻译出版权由 Polity Press 授予北京大学出版社

书　　　名	哲学为什么重要 ZHEXUE WEI SHENME ZHONGYAO
著作责任者	〔英〕海伦·毕比　〔英〕迈克尔·拉什 著　李麒麟 译
责 任 编 辑	田　炜
标 准 书 号	ISBN 978-7-301-33751-6
出 版 发 行	北京大学出版社
地　　　址	北京市海淀区成府路205号　100871
网　　　址	http://www.pup.cn　　　新浪微博：@北京大学出版社
电 子 信 箱	pkuwsz@126.com
电　　　话	邮购部 010-62752015　发行部 010-62750672 编辑部 010-62750577
印 刷 者	北京中科印刷有限公司
经 销 者	新华书店 890毫米×1240毫米　32开本　5.625印张　83千字 2023年2月第1版　2023年2月第1次印刷
定　　　价	48.00元（精装）

未经许可，不得以任何方式复制或抄袭本书之部分或全部内容。
版权所有，侵权必究
举报电话：010-62752024　电子信箱：fd@pup.pku.edu.cn
图书如有印装质量问题，请与出版部联系，电话：010-62756370

目 录 CONTENTS

中译版序	/001
致 谢	/013
导 言	/001

第一章 理解我们自己
- 人（Humans）、人（Persons）、大脑与心灵 / 017
- 论男人的大脑和女人的大脑 / 031
- 自由意志与神经科学 / 039

第二章 理解公开辩论
- 证据与信念 / 056
- 讲述真相 / 064
- 扯淡（Bullshit）/ 072

| **第三章**
理解世界 | 思想实验 / 090
理论美德 / 096
证据与无神论 / 098
证据与解释 / 103 |

| **第四章**
理解如何行动 | 道德与法律 / 121
道德与宗教 / 127
做出道德决定 / 132
道德哲学的价值 / 139 |

| **结　论** | / 143 |
| **进阶阅读材料** | / 159 |

中译版序

当前有一个很时髦的说法：我们生活在"最哲学"的时代。如果这个说法是要用来推销哲学，或者吸引追随者，那么它就是误导性的。我们并非生活在"最哲学"的时代，因为只要人类能够开始反思自身的存在状况，哲学意识或哲学思维就与人类共存。亚里士多德在其《形而上学》开篇就指出，人的天性就具有求知欲，或者说天性就具有理解我们所生活的世界的欲望。我们之所以天性就具有求知欲，是因为人类被给予了理性思考和理性反思的能力，但我们在这方面具有的能力又不足以让我们一眼看穿世界的本来面目：世界向我们呈现出纷繁复杂的现象，其中的一些现象可能是幻觉或者是欺骗性的，我们只能通过现象去猜测或推断世界的真相，但我们并不知道我们通过猜测或推断得出的结论是否确实反映或表达了终极实在的本质——对于我们这些仅仅具有格外有限的理性能力的存在者来说，世界的本来面目就像是一道我们无法跨越的鸿沟：我们所理解的宇宙只是我们在人类认知能力的最大限度内看到的宇宙，我们只能猜测而绝不可能确切地知道在我们所生活的宇宙之外是否存在着其他的宇宙，或者我们也不可能确切地知道在大爆炸出现之前是否还有任何宇宙。物理学家不可能向我们提供关于这些问题的确切答案，但是这些问题可以成为哲学思考的对象，因为作为人，我们确实想对一切未知的东西一探究竟，正如古代人想要理解电闪雷鸣从何而来，而当他们无法真正地理解这些自然现象产生的原因时，他们就创造出一个超验实在的世界，或者因为无法通过自己对外在世界的认识来控制自身的命运而具有了各种形式的宗教信仰。

一旦人类在某种程度上超越了其作为纯粹动物而存在的

状况，他们就不仅渴望理解自己所生活的外在世界，而且渴望通过这种理解来认识自己并开始思考如何才能生活在一个更好的世界中。他们为了应对自己所面临的选择压力而结为群体开始生活，并最终形成了我们如今所看到的各种形式的人类社会。人类特有的精神能力是在我们称为"社会进化"或"文化进化"的那个阶段产生的。在这个漫长的历程中，尽管人类产生了自我意识和社会意识，开始认识到社会合作在人类生活中的重要性，但就像康德所指出的那样，人类个体绝不可能被充分地社会化。一方面，自我意识让人们认识到了个体存在的独特性及其对于一个有意义、有价值的生活的重要性，而在任何真实的生活世界中，社会竞争也从未消失。另一方面，人们也不得不承认一个根本的事实，即任何人类个体实际上都无法脱离他人而过上一种繁荣昌盛或丰富多彩的生活。为了能够更好地生活，我们就需要不断地反思自己所生活的社会的现实状况以及我们在社会生活中与他人的关系。我们需要设想什么样的社会结构和政治组织能够让我们过上比在孤独生活的情况下更好的生活，我们需要在自己的个人生活中去思考如何恰当地处理与他人的关系，而即便我们承认每个人在道德上都是平等的，在道德上值得同等的尊重和对待，我们也需要思考平等与其他重要的人类价值例如自由和共同善的关系。当亚里士多德声称人天性就是社会或政治动物时，他不只是在说人天性就需要与他人一道生活，他也是在说人是具有语言和理性的动物，因此可以通过理性的对话和交流而造就一个比纯粹动物的生活更好的世界。但是，这一切都需要我们去思考如何使用理性来处理我们在共同的人类生活中所碰到的或面临的各种各样的问题。人是能够追问其自身的存在状况的行动者，他们确实应当有一种与众不同的生活形式，这种追问本质上界定了哲学和哲学问题。

我之所以声称"我们生活在'最哲学'的时代"这一主张在某种意义上是误导性的，是因为最为根本的哲学问题从人类存在以来就已经出现，得到了历代哲学家的反思和思考。这些最为一般的哲学问题包括：实在的本质是什么？我们能够知道什么？我们的行动是自由的还是被决定的？我们如何知道好与坏、善与恶之间的差别？我们应当如何组织我们所生活的社会或共同体？生活本身能够是有意义的吗？或者，是否存在生活的终极目的？对这些问题的追问根本上是为了理解人类在宇宙中的地位，进而寻求对人类来说可能是最好的生活。作为人类特有的一种反思性的和批判性的思想活动，哲学从一开始就是实践性的，从根本上说，哲学沉思是为了成就我们所能拥有的最好的生活，而这一点无论是对整个人类来说还是对人类个体来说都成立。每个人在人生中的某些时刻都会成为哲学家，或者至少成为具有哲学意识的人。当我们思考我们是否可以吃动物的肉时，我们可能会追问动物是否具有感受痛或快乐的能力，由此会进一步追问有意识的经验是如何产生的，又如何与神经系统相联系；当我们在追问月亮在我们没有看它的时候是否存在时，我们可能是在追问一系列与存在和实体相关的问题，并进而去探究实在的根本的构成要素;当我们问我们是否可以为拯救很多人的生命而杀死一个人时(例如在著名的"电车难题"中),我们是在探求正确行动的原则或标准;当我们想知道少数民族或贫困地区的考生在高考中是否应该被加分时,我们就触及平等和正义以及二者之间的关系问题。我们无须认为哲学是一门高深莫测的学问,因为哲学问题本身就渗透在我们生活的各个领域、出现在人类生活的各个层面上。既然我们已经被赋予了理性反思能力而无法摆脱对自身的存在状况的追问,既然人类生活本身就是错综复杂的,我们就需要用哲学的方式来度过自己的一生,而这样做既是为了对自己负责,也是为了对与我们一道生活的其他人负责,甚至是为了对我们共同生活的世界负责。我们按照自己的经验和见识来反思人类生活中所存在的根本问题,对这些问题做出自己独特的贡献,并由此而促进了我们对自己以及我们所生活的世界的理解。在这个意义上说,哲学思考本身就具有重要的个人价值,正如罗素所说:

事实上，哲学的价值主要体现在其不确定性上。没有哲学色彩的人，一生都被禁锢在来自常识的偏见中，来自他的时代或他的民族的习惯性信仰中，来自在他的头脑中成长起来的信念中，而没有得到其深思熟虑的理性的合作或同意。对这样的人来说，世界倾向于变得确定、有限、明显；普通事物不会引起任何问题，而陌生的可能性则被轻蔑地拒斥。相反，一旦我们开始进行哲学思考，我们就会发现，即使是最日常的事物也会导致一些问题，而这些问题只能得到非常不完整的回答。虽然哲学不能确定地告诉我们它所提出的疑问的真实答案是什么，但它却能暗示许多可能性，扩展我们的思想，使它们摆脱习俗的束缚。因此，尽管哲学削弱了我们对事物是什么所具有的确定性感受，但它大大增加了我们对于它们可能是什么的认识；有些人从未进入过让我们获得自由的怀疑的领域，哲学消除了在这些人身上的那种有点傲慢的教条主义，并通过在一个陌生的方面展示熟悉的事物来保持我们的惊奇感。
（Bertrand Russell, *The Problems of Philosophy*, Oxford: Oxford University Press, p. 91）

每一个时代的哲学家都是按照自己对此前的哲学遗产的审视、对自己所处的时代（包括当时发展出来的科学和文化以及他们所生活的社会与政治状况）的认识以及自己的个人经验来思考根本的哲学问题。在人类生活的发展历程中，对核心的哲学问题的思考本身就具有一种连续性。但是，我们确实无须由此而否认每一个时代都面临自己特有的哲学问题，具有自己思考根本的哲学问题的特定方式，并进而提出不同的答案。这本身就是哲学作为一门学科或一种思想活动而独具魅力的一个方面。在我们目前所生活的时代，新科技的发展让我们面临一些人类此前不曾碰到的问题，例如，人工智能的发展迫使我们去思考机器智能是否有朝一日会超过人类智能，让我们产生了人类最终会被"取代"的忧虑；纳米技术、生物医学工程、认知神经科学等相关学科的发展似乎使得人类以超越自然演化的方式来增强各方面的能力变得可能。科学技术的发展和应用当然也会产生一些明显地具有负面效应的问题，例如，核技术有可能会使得人类毁于自己手中，各种技术发明在大大地提高了人类生活的便利的同时也有可能会让我们耗尽地球上的能源和资源，全球气候变化若得不到有效控制则会对人类及其未来产生各种灾难性影响。我们确实需要利用哲学资源来处理这些迫在眉睫的问题。为了消除人工智能体最终会"取代"人类的忧虑，我们就需要思考人类心灵和人类智能的本质和来源，反思一下人类究竟是因为什么而具有或能够具有我们称为"道德地位"的那种东西，仔细考虑一下我们是否要把道德地位赋予人工智能体，而这也会导致我们去进一步思考我们与自然界其他成员（特别是非人类动物）的关系。为了探究人类增强的可能性和可行性，我们不仅需要去理解人类生命的价值和意义及其可能来源,确切地弄清楚人类精神能力与其神经生物学基础的关系,而且也需要恰当地界定科学技术在人类生活中的应用的伦理限度。为了共同面对和解决全球气候变化问题,我们就需要对人性本身有更加深入的认识和理解,而不仅是学会具有人类命运共同体的基本意识,尽管具有这个意识是尝试解决人类共同面临的问题的一个根本前提。在我们对这些问题的思考以及对其解决方案的探索中,哲学无疑发挥了至关重要的作用,因为即使哲学活动是由个别哲学家或者具有哲学意识的个人来完成的,但他们是代表全人类来思考我们共同面临的根本问题。

然而,这也给哲学家或者有志于从事哲学思考的人提出了一个基本要求。哲学问题是从根本上来说对人类具有重要性的一般问题,其答案一般来说是非终结性的或非结论性的——在哲学领域中并不存在任何绝对正确的答案,哲学家也不能只是按照经验观察和经验分析来尝试解决哲学问题。哲学家所要做的工作往往是"以理服人",即经过自己的认真思考、提出尽可能有说服力的理由和论证来捍卫或反驳某个主张或论点。然而，任何人在认知、理解和反思方面都有自己的盲点。因此，既然哲学家或者有志于从事哲学研究的人是在为全人类思考根本的问题，他们就必须是思想开明的、谦逊的和民主的，他们必须像苏格拉底那样敢于承认自己的无知。哲学是要探求真理和智慧，而真理和智慧并不存在于任何以"哲学家"自居的人手中。同样，当哲学家在进行反思的时候，他们需要学会在哲学反思和现实之间保持某种恰当的张力，他们需要具有某种现实感，因为不管一位哲学家得出了什么结论，哲学结论都会对人类生活的各个方面产生影响。哲学家的谦逊是哲学作为一种特殊的思想活动的本质要求，正如休谟所说，"做一个哲学家吧，但首先做一个人"。

读者面前的这本书以清晰明白、不预设任何哲学背景的方式展现了哲学在人类生活中的重要性。因此，我特别乐意推荐本书。我相信，通过阅读本书，你可以初步感受到哲学思想的魅力及其对于个人生活的价值。感谢本书译者李麒麟教授以流畅的语言将这部短小精悍的导论性著作呈现给中文世界的读者——我深深知道从事哲学翻译是多么艰难,在某种意义上还是一件"费力不讨好"的事情。

徐向东

2022年11月于杭州

致　谢

我们要感谢 Polity 出版社的帕斯卡·波切隆（Pascal Porcheron）和艾伦·麦克唐纳－克雷默（Ellen MacDonald-Kramer），感谢他们的鼓励、热情、高效与优秀建议；我们同样感谢三位匿名评审人，他们的评论和建议帮助我们对全书进行了许多改进。

我们还要感谢阿尔·贝克（Al Baker），我们之间的探讨，一再改进了本书的构思理念，本书体现了这一系列构思理念的最终版本。我们同样感谢以下人员对本书的初稿进行了阅读和评论：萨米·博德曼（Sammy Boardman）、马修·埃尔顿（Matthew Elton）、哈里·格雷(Harry Gray)、贾斯敏·海(Jasmine Hay)、安尼利·杰斐逊(Anneli Jefferson)、波林·奎亚特-霍德森(Pauline Kwiat-Hodson)、伊米莉亚·迈斯纳(Emilia Meissner)、马修·拉什(Matthew Rush)和埃玛·沙利文-比塞特(Ema Sullivan-Bissett)——你们都很棒!

我们将这本书献给哈里·莱塞(Harry Lesser, 1943—2015)——一位善于启发的老师、慷慨的同事与朋友。

导 言

或许你之所以阅读这本书，是因为你有兴趣希望更多地了解哲学如何可能关联于你的生活以及你对于周围世界的理解。或许你之所以阅读这本书，是为了帮助你决定是否更正式地学习哲学；抑或是你想知道在大学阶段去选修哪些课程。我们坚信哲学在人生旅程中每个阶段所具有的价值和旨趣。哲学很重要。

哲学之所以重要，是因为哲学寻求并促进了理解与理清思想，同时也是因为哲学在实践上很有助益，具有内在固有的旨趣，具有文化和历史上的重要意义。这些都是宏大的主张；但是在本书中，我们将向你展示我们为什么认为这些主张是真的。当然,哲学并不是唯一有价值的学科——在我们理解世界的协作性的努力中,每个学科都有其扮演的角色——但是,正如我们即将看到的,哲学扮演着重要而独特的角色。

哲学不但很重要,而且也容易被误解:它也许并不是你所认为的那种样子。但好消息是,哲学无处不在——即使你不知道自己在做什么,也极有可能已经向自己提出了独特的哲学问题。如果你曾经问过自己,是否应该允许父母亲强烈要求给他们的孩子进行高风险而昂贵的医疗手术;如果你曾经热烈地讨论拉赫玛尼诺夫(Rachmaninoff)是否**真的**(really)比 Rage Against The Machine[1] 更好;如果你曾经对于我们如何知道当选的领导人是否为了自己的利益向我们撒谎,以及如果他们撒谎,我们是否应该担心而感到困惑;如果你曾经想知道

---

[1] 来自美国的一个说唱金属乐队,1991 年成立于洛杉矶。——译者注

是否可以在相信物理学所告诉我们世界的真实面貌的同时也相信上帝；如果你曾经猜测我们是否有自由意志和某种程度的对于行动的控制，抑或我们的行动是受无意识自然过程的支配——就像你在冰上滑倒或树叶从树上掉下来那样——那么你已迈出了你在哲学领域的第一步。所有这些都是哲学问题，所有这些都是你在探索世界时可能会出现的问题。

在没有任何深奥的哲学知识的情况下，我们可以在一定程度上处理这些问题。大多数人也都是那样做的；但是一旦你对定义问题以及限定我们可以合理给出相关答案的哲学理论和方法有所了解，那么你就可以通过更加富有成效、更加充分和更加令人满意的方式处理这些问题。哲学让你对所有已经让你着迷的事物产生兴趣，并且可以更为深入地与它们互动。这就是为什么哲学对你很重要。一旦我们都更为深入地处理自己面临的各种问题，我们就可以生活得更加充实，就可以开始揭露那种与世界的平稳运转不相容的草率的思维——这些草率的思维被某些人用来维持其权力地位并影响他人。这就是为什么哲学对每个人都很重要。

存在着各种恰当的理由来解释你可能会误解哲学是什么。也许你的学校没有讲授哲学课程，哲学在学校并不是很广泛地被讲授。众所周知的是，在公众的想象中，哲学已经被嘲笑了，但对于笑话始终被人们识别为笑话这一点，我们却没有充分地理解。哲学关注抽象的问题，而这些问题并不总是适合随意进行交谈。

结果，你可能会认为哲学仅仅是表达自己观点的东西，或者哲学涉及的是整日坐在椅子上玄想你的椅子是否存在。你可能会认为哲学实际上就像神学或其他宗教追求一样，或者哲学主要包含的就是冥想。你甚至可能将哲学与心理学混淆。从历史上看，这并不是什么荒谬的事情，因为心理学最初就是哲学的一个分支——尽管这两门学科在一个多世纪前就已经分道扬镳。或者你可能会认为哲学只是很久以前的人们才做的事情——尽管今天我们仍旧在做哲学——只有那些待在尘封的图书馆中的人们才会沉迷于哲学——在那些尘土飞扬的图书馆里，这些人不会造成任何伤害或带来任何麻烦。

当人们在说"'珍惜当下'，这就是我的哲学!"的时候，或者人们问起"所以，你的哲学是什么?"的时候，人们所想到的是"哲学"一词的常规用法。虽然我们可以理解上述"哲学"的语词用法的意思，但这不是哲学家使用"哲学"的含义。同样地，当哲学家使用"哲学的"（philosophical）的时候，他们也并不意味着你在报告说某人在接收到某些坏消息时所展现出的那种达观的（philosophical）状态。

哲学家用"哲学"所意指的是——我们知道当下的这种说法也许鲜有助益——仅仅是某种关于原则、理论、技术、方法和问题的集合；我们希望本书的其余部分能够帮助您理解上述内容。上述这种集合受到理性探究、批判性反思和系统思考等共同论题的约束，但是正如我们即将看到的那样，其中包括的主题则是千差万别。

　　需要记住的重点是，没有人能够垄断哲学的潜能。请你照照镜子：如果你在镜中看到的还不是一位哲学家，那么，你看到的就是一位潜在的哲学家。无论你是否考虑进行正式的哲学学习，你已经在学习哲学了，或者你只是想知道为什么这么做并不荒唐可笑，那么，这本书就是为你量身定做的。

　　你也许期待一本关于哲学的书堆满了哲学家的名字以及他们的成就清单，但是，我们在这里将其精简了，因为重要的事情是要了解你可以如何采用哲学的方法与技巧并将之应用于你关心或感兴趣的东西上。我们讨论的是观念，而不是人物。

　　那种认为只有通过严格而有条理地学习哲学的人才有能力沉迷于哲学的思想，或者哲学的收益只对那些人开放的想法是错误的。正如我们已经说过的那样，哲学的开端已经在你身边。真实的情况是，哲学中存在着大量的知识和一系列系统的方法可供学习；我们在哲学反思和分析的技巧方面可能会变得更好或更糟。这不是一本概述哲学知识体系的教科书，也不是一本刻画从古至今哲学发展史的教科书，更不是一本关于在希腊、印度或中国所发展起来的特定的伟大哲学传统的书。

从根本上说，哲学是关于我们观念的系统理解以及对于我们论证的逻辑评估。它鼓励严肃的反思、严格的思想以及观念——有时是复杂而困难的观念——的清晰表达。如果我们想让我们的生命变得可以理解，如果我们想与其他人针对我们已经提到抑或尚未提及的广泛领域中的论题进行融贯的探讨与辩论，我们需要能够确信：在这些对话中所使用的术语和概念本身是融贯的，我们不会偶然地自相矛盾或彼此鸡同鸭讲。其中的一些术语对非常重要的社会问题有明显的影响。如果我们不试图澄清"对"（right）和"错"（wrong）这两个词的含义，我们将无法理解被提议的对于另一个国家的入侵是对还是错,或者提供公共资助的服务以使人们可以选择安乐死的做法是对还是错。如果我们不批判地评估是什么使一件艺术作品成为艺术作品,我们将无法完整地判断、比较或欣赏那些由我们之中某些最优秀的心灵为我们的文明所做出的最重要的贡献。

或者还可以选取另一个例子:我们通常假设我们有自由意志。也许你从未明确考虑过这一点,但是,自由意志却是我们每当针对重要决定进行深思熟虑或者花费时间计划晚餐吃什么的时候作为背景出现的一种假设。我们认为自己可以做出真正的选择,并且倾向于假设,在做出选择之前,我们有能力选择任何一种方案。事实证明,要使这种信念与其他似乎合理的哲学和科学的观念相协调,则是惊人地困难。

公正对待我们对世界的直觉信念的同时,也公正对待我们的科学理解; 根据我们的道德承诺来抉择如何修正我们的政治倾向；通过理解信仰和知识之间的区别来帮助我们决定到底致力于哪一种观念……不仅上述所有的内容，还包括更多的议题，都是哲学问题。

就像我们已经说过的那样，这些活动的重要性不仅仅局限于对哲学的正式学习，但是，对哲学的正式学习可以带给你的东西之一就是对一系列不断发展和打磨出来的技术、策略和理智工具的专业知识以及对它们的熟悉，这些内容可以在许多不同的领域为讨论和辩论提供积极的信息。

本书中的诸章节选取了一系列一般性论题——我们可能希望更全面地努力理解我们的生命或周围世界的各个方面——并解释了哲学是如何有助于我们的理解。在这个过程中，我们也将向你介绍一些哲学理论。现在值得一提的也是你在阅读本书过程中值得记住的是，所有的这些理论都处于严肃而彻底的争论之中，尚未达成共识。无须担心，这种状态作为结果，其实是源自于避免教条并且保持开放以在新的证据和洞见出现之时对我们的理论进行修正。这是哲学与各门科学学科在做好自己工作的时候都共享的力量。你可能以前曾经接触过其中的一些理论，但是，这些理论可能尚未被呈现为你可以进行合理质疑的对象，而且，当下的和正在进行的辩论的水平几乎肯定会被低估。尤其是在学校的科学课上，你学到了一些公认的理论，并且可以理解的是，在这种情况下，你会忽略一个事实——那就是历史上曾经存在着大量的鲜活的选项。上述情况在哲学中比在科学的许多领域中都更为突出：我们需要反思许多当前的哲学的可能性。评估这些相互竞争的理论和解释是磨炼哲学和分析技能的一种极好的方法。的确，要想更好地掌握哲学的核心技能，就必须主动地做哲学，而不仅仅是被动地学习其他哲学家都说了些什么。你需要亲自来接触哲学！

本书的其余部分旨在让你大致了解一些可以帮助

你按照相关方式参与哲学辩论的可能性与工具、策略和技术。在第一章中，我们考虑了如何更好地了解我们自身：我是何种类型的事物？成为一个人类个体需要什么？我在死后可能继续存在吗？我有自由意志吗？第二章着眼于理解公开辩论。我们如何判断政治人物是否在告诉我们真相？这些政治人物是否讲真话真的重要吗？我们还会思考一个更一般性的问题，即要求我们的信念尽可能地真实。第三章则是关于理解世界的内容。科学能告诉我们需要知道的一切吗？是否存在着某些独特的宗教真理？我们可以在相信上帝的同时坚持关于物理学的成功的承诺吗？哪些东西可以算作支持科学或宗教观点的证据？第四章则探寻我们面对彼此时应当如何行为。我们被允许应当如何对待他人？我们有什么权利可以期待别人的尊重？而最后的"结论"章节则通过快速浏览那些哲学家思考过的、但却无法纳入本书详尽讨论范围之内的内容来作为收尾（除此之外还有其他很多内容!),而且"结论"章节也提出了一些方法来回应在本"导言"开始部分所提及的那些广泛的问题。

  我们希望这些主题能够引起你的共鸣。我们所有人都遇到过一些宗教实践,目睹并可能参加过公开的辩论,判断过某人的行为是好是坏,至少形成了一些简单的科学信念,而且也想知道我们死后会发生什么。哲学之所以重要,是因为我们当中的大多数人在某种程度上都具有哲学上的倾向——哪怕你们中的某些人直到现在才刚刚意识到这一点。

第一章

理解我们自己

* * *

我是什么（What am I）？成为人意味着什么（What is it to be human）？我还能在死后继续存在吗？如果我死后还能继续存在的话，至少从原则上讲，我可能会去天堂或者转世投胎成为驴子？我的心灵和我的大脑之间是什么关系？或者二者就是同一事物？如果男人和女人的大脑存在着差异，这是否就意味着男人和女人的行为差异也是天生的，因此相关差异也是不可避免的？我是否拥有自由意志，或者我只是被大脑和环境通过程序设定为以某种方式来行动的？

这些都是很棒的问题，而且从广义上讲，它们是**哲学的**（philosophical）问题——或者至少，你正在寻找的令人满意的答案可能不是科学所能回答的，或者至少不是单纯依靠科学自身就能回答的。从上述问题清单中选取前两个问题为例。如果你向一位生物学家询问第一个问题的答案是什么,生物学家可能会给你一种好笑的表情。**你是什么**?你是人类,是**智人**(Homo sapiens)物种的一员。任务达成!下一个问题:**成为人意味着什么**?简单!成为人就是成为**智人**物种的一员。

上述内容回答了你的问题吗?可能并没有。你可能早已知道上述所有这些答案了,因此,如果你还在询问起初的那些问题,类似生物学家的回应可能就不是你想要的答案。所以:请你试着去问一位哲学家,看看会发生什么。更好的选择可能是,请哲学家为你提供一些基本设备——一些概念、一些有关如何解决问题的建议、一些可供你评估的论证——然后尝试由你自己来找出答案。

人（Humans）、人（Persons）[1]、大脑与心灵

让我们以一种更为哲学的风格重新开始。我们的生物学家当然是正确的：我们、我们所有人都是人类——

---

[1] 在这里，需要说明的是，译者将英文术语"human"与"person"都翻译为"人"；但是，在本书的讨论中，两位作者还是明确强调了这两个概念之间的差异的。相对而言，"human"这一术语所包含的意义内容更丰富一些，其中既涉及通过生物学等自然科学的描述来揭示我们自身的本质的内容，也包括了从独特的哲学视角讨论我们自身本质的内容，而后者在本书中恰恰是通过"person"这一概念展开相关讨论的。正如在后文中即将看到的那样，本书的两位作者也恰恰是利用"person"最终澄清了相关问题列表当中的那个最初借助"human"这一措辞来表达的第一个问题，由此进一步展开了那些关于我们自身本质的哲学讨论。就汉语翻译而言，译者似乎可以通过将"human"译为"人类"，而将"person"译为"个人"的方式将这两条术语区分开来。但是，一方面，由于本书借助"person"这一表述还讨论了上帝、外星人、人工智能系统等对象是否具备与我们相似的那些特征等问题，这导致上述将"human"与"person"在译法上强行区分开来的做法在相关汉语译文行文表述中变得十分古怪；另一方面，将"human"与"person"在译法上强行区分开来的做法也不能在汉语表达上明确反映出"human"与"person"二者之间的关系。因此，译者在翻译上采取的替代做法是，将"human"与"person"都翻译为"人"，然后通过在其后括号内附上相应英文术语的方式来进行区分。希望读者能够注意这一点。——译者注

也就是说，我们都是**智人**物种的成员。从某种意义上讲，我们就**是**这样。（哲学家非常喜欢说"从某种意义上讲"。通常说来，"从某种意义上讲"这一措辞就是指出被做出的主张是可以通过多种方式来加以解读的，而且，至为重要的是将这些解读区分开来。）但是，成为一个人（being a human being）是否能够**定义**（define）我们呢？这对我们来说是**本质性的**内容（what is *essential*）吗？我们可能会尝试通过提出如下问题的方式来开始回答上面的问题：我们人类的**特殊**之处是什么（what it is that's *special* about us human beings）。当然，（据我们所知）人类具有其他事物所不具备的各种各样特征。但是，拥有对生的拇指或者两条腿与两条手臂等这类特征，就其自身来说，并没有什么特别的。而且，你可能认为某些对我们来说是特别的东西——例如，交流或思考的能力——甚至并不是人类唯一的专属之物。许多其他物种也可以互相交流——通过吠叫或者鸣叫或者跳摇摆舞或其他任何方式进行交流。类似地，看起来其他的一些物种——例如，狗——至少具有基本的思维能力：小狗罗孚想吃东西，并且它相信，如果为你表演了它的把戏，那么它就会得到吃的作为奖励。

那么，也许某种人类特征确实**是**特殊的——这也是对我们真正重要的特征——那就是，我们具有某些**类型**（kinds）的思想的能力。例如，我们不仅意识到自己周边的世界，而且还是**自我**意识的（*self*-conscious）：我们可以考虑自身。你不仅可以幻想蛋糕；你还可以针对自己刚刚花了十分钟的宝贵时间来做幻想的这一事实进行反思，进而你可能会想能否以某种更富有成效的方式来花费自己的时间。我们可以制定长期计划，并且可以将自己的生命视为具有某种叙事的结构。我们还能够独特地以**道德的**（moral）方式进行思考。如此等等。我们将具有上述那些类型的心灵能力的一个存在物称为一个**人**（a *person*）——当然，在这里我们并没有非常精确地定义人这个概念。

应该注意,上述说法其实是一项颇有争议的主张:哲学家对一个人的本质持有不同意见。正如你会在本书中一再看到的那样,哲学家对几乎所有事物都持有不同意见;你也可能会发现我们提出了很多**你**不同意的主张。但这就是事实:如果你要做哲学的话,你就不得不学会热爱不确定性这种东西。重要的是,你并非仅仅思考的是,"哦,**那个**答案(*that* answer)是错误的",而是需要停下来思考**为什么**它是错误的,与之不同的答案可能会是什么样子的,以及为什么这种答案可能会更好。哲学也不仅仅是批判性的思考,哲学还涉及创造力。如果你认为某种哲学观点针对你所关心的问题提供了错误的答案,或者并没有解决原本应该解决的问题,那么你作为哲学家的工作就是要构想出一种更优的观点——这种观点可以给出正确的回答或解决问题。

根据刚刚描述的关于我们思考自身的方式,**成为一**

个人并不在原则上意味着某种**智人**物种内仅有的成员或者事实上全部成员所具有的特征。一个外星人也很容易是一个人。实际上，科幻小说中描述的大多数外星人都**是**被描述为人的。一套复杂精巧的机器人系统也可能是一个人：想想《银翼杀手2049》（*Blade Runner 2049*）中的K警官（Officer K）或者《星际迷航》（*Star Trek*）中的戴塔（Data）吧。也许在数千年中，其他大型类人猿——如果它们能够存续那么长的时间的话——也可能会演化为人。也许一个人在原则上甚至根本不需要身体。如果上帝存在，也许上帝就是一个人。

有了**人格**（personhood）的概念，当问出本章开始的问题清单上的第二个问题时——成为人意味着什么？——人们并非真的要寻求生物学的答案（"成为人就是成为**智人**物种的一员"），因此，人们可能并没有真正问出他们想要得出一个答案的那个问题。实际上，他们想知道的是：成为一个**人**（*a person*）意味着什么？我们针对该问题已经给出了基础的和暂时的回答。但这仅仅是一个开始。

这将把我们带回到第一个问题：**我是什么**？好吧，你知道自己是一个人类个体（a human being）。你还知道自己是一个人（a person）。我们也许会认为我们的问题其实是关于上述两方面哪个更重要的问题。下述哪种描述捕获了你的本质：是你作为这个特定的有生命和呼吸的血肉生物的这种物理的或生物的身份，是这些构成了你的本质吗？抑或是你作为这个特定的人（person）的身份：一种具备关于你过去的经验以及（我们希望）与你的长期目标相符的未来经验的特定叙述性历史的存在物（being），一种与他人、与一组核心价值集合、与其在世界中相关位置的感知之间存在着特定重要关系的存在物？不用说，哲学家对这些选择中哪一个才是正确的持有不同的意见。

你如何回答这一问题将会影响到你如何继续提出其

他的问题。以问题清单上的下一个问题为例:**我还能在死后继续存在吗**(could I continue to exist even after I'm dead)?好吧,假设你认为你的本质就是这个特定的有血有肉的人类个体。那么答案就很简单:是"[你在死后将]不能[继续存在]"。尸体在被火化或充分分解之前依旧由血肉构成,但尸体已经不再是活生生的、能呼吸的生物——当你死亡时,你将不复存在。而另一方面,如果你认为你本质上是这个特定的人(this particular *person*),那么看起来,至少在原则上,答案可能是"[你在死后将]能够[继续存在]"。如果有的话,天堂的(乃至地狱和炼狱的)居民——如果他们存在的话——大概依旧还是人。或者,也许你原则上可以在死亡后以其他方式继续存在:或许,在将来的某一天,科学家能够将你的所有心理特征上传到硬盘上,在你死后,科学家将你事先克隆好的身体解冻,然后[再将硬盘上你的心理特征]下载到这一身体之中,这样你就以新的身体存活下来。

请试想一下你升级手机的时候发生了什么。新的手机在各方面可能会更好——防裂的屏幕、增强的功能、更多的存储空间——但是，你可以将对你来说所有重要的内容都传输到新手机上：应用程序、通讯录、日记、照片等等。新手机虽然是另一部手机，但它与旧手机具有相同的通讯录、日记等等。如果对保持成为同一个人来说，重要的内容是保持那些类似于照片、应用程序等东西，而不是那些类似于容纳这些内容的有形的手机那样的东西，那么前述所描绘的未来科学家的故事场景确实就意味着*你存活下来了*。

上面这种从一个身体"上传"某人的心理特征，然后再"下载"到另一个身体中的想法，把我们带到了问题清单上的下一个问题：**我的心灵与大脑之间的关系是什么——或者二者就是同一事物？**（what's the relationship between my mind and my brain— or are they just the same thing？）既然我们已经提到在死后继续存在的这种可能性，那么让我们从这里开始。让我们假设你[的本质]真的就是你的心理而非你的血肉之躯。正如我们之前所说的那样，从原则上讲，这可能使你在自己死亡后依旧存活——正如世界上大多数主要宗教都说[你]可以[在死后继续存在那样]。但是，你将**以何种形式**（in what form）在死后继续存在下来呢？但是，说你在没有有形的身体的情况下，原则上可以继续存在——或者继续成为同一个人——是一种事物；而毫无疑问，所有那些心理特征都不得不是**某种事物**（something）的特征。

好吧，让我们考虑一下天堂。根据标准故事情节，当你去天堂（或来世）的时候，你会离开尘世中的身体。那么"去"天堂是什么意思呢？好吧，天堂不是某一个地方。你无法在宇宙地图上标绘出其坐标；你无法通过在半人马座阿尔法双星系统（Alpha Centauri，又称"南门二双星系统"——译者注）左转来到达天堂。天堂不是有形事物，进而相应地天堂不会具有某一[空间]位置。类似地，根据（比如说）正统的印度教、伊斯兰教、基督教以及犹太教，那种进入天堂、升入来世或者转世投胎的东西也不是有形的（physical）：那只能是**灵魂**（the *soul*）。灵魂是这样的一种事物——在其中可以发现我们所有的心理特征，而恰恰也是灵魂连带着这些特征一起，在我们死后继续存在。（佛教的故事则要复杂得多，而且——我们认为——[佛教的说法]在哲学上也要有趣得多。佛教的一个核心学说主张，并没有"灵魂"或"自我"[self]之类的东西。更确切地说，我们误导性地通过"自我"所指示的东西其实就是不断变化的心灵特征的洪流，这些心灵特征仅仅是以某种方式被捆绑在一起罢了，却不会因此而"内在固有地存在"[inhere]于任何独特的非有形实体之中。）

让我们回到我们的问题吧：**我的心灵与大脑之间的关系是什么——或者二者就是同一事物？**（what's the

relationship between my mind and my brain— or are they just the same thing？）或许任何相信灵魂的人都应该说心灵与**灵魂**（the *soul*）才是同一事物。毕竟，灵魂被设定为执行所有心灵活动的东西——思考、体验、抉择、想象等等。因此，这些人应该认为心灵与大脑**不是**（aren't）同一事物，因为灵魂绝对不是大脑——大脑是有形事物，而灵魂则不是。这才是你[思考]的逻辑——如果 A 与 B 是同一事物，但 B 与 C 却是不同的事物，那么，A 与 C 也是不同的事物。

但是，如果你不相信灵魂又该怎么办呢？特别是，如果你认为作为一个人（a person）或者作为任何其他的实际的存在物而言，就是那些有形的东西，不论[那些有形的东西]是血肉与骨骼，还是金属、硅与电子线路？那又会怎么样呢？心灵就只是大脑了吗？如果不是的话，那么[心灵]到底是什么呢？

我们认为这个问题有点误导性。真正正确的说法是

20 　　"心灵"（the mind）根本不是一种事物。恰恰相反，**拥有**（having）心灵——尽管这听起来好像是拥有某种东西，就像拥有一辆自行车那样——实际上就是具有各种心理的能力（但是对于其中涉及**哪些**能力 [*which* capacities] 这一问题，我们持开放态度）。这些心理能力是在大脑当中"被执行出来"，或者，按照我们的说法，[是在大脑之中]"被实现出来"。

　　"实现"（realization）这一概念需要一些解释。再一次考虑手机 [的例子] 可能会有所帮助。如果你是怀旧的人，使用那种由纸张做成的真正的日记本，并且你又购买了一个新书包，那么你其实可以将日记本从旧书包转移到新书包中。日记本是一种有形对象，你只需将其拿起来然后移动一下，就可以将日记本从一个地方移到另一个地方。但是，将你的电子日记从旧手机转移到新手机就完全不一样了。没有任何**东西**（bit of stuff）从旧手机中被提取出来然后放入新手机中；如果你拆开手机，你不会发现其中的某一小块东西是你的日记,而另一小块东西则是你的通讯录,等等。相反,真实发生的事情是,当你备份旧手机时,很多信息被你的计算机记录下来了——在其电路中以某种方式被编码了——然后又在你的新手机的电路中进行了编码。日记是在手机的电路中被"实现"出来的,在你更换手机后,使其成为同一(same)日记的关键是,该日记仍然可以完成你需要你的日记所做的所有事情:正如你想让日记中具有相关信息那样,日记中依旧留有你的截止日期、重大事件等内容。手机本身是否被更换则完全不重要;就连日记在电路中是如何(how)被实现出来的这一点其实也是无关紧要的。

对于心灵和大脑来说,[情况也是]类似的,我们认为:同一心灵可以在不同的大脑中被"实现"出来,这就如同你的(电子)日记可以在不同的手机中被实现出来一样。并不只是作为整体的心灵是这样的。我们不仅有心灵，而且还有信念、欲望、记忆、计划、志向、品格特质等。我们谈论这些东西的时候，就好像它们是**东西**（things）一样。就像你可以轻松地在自己桌上罗列出十个东西那样，你也可以轻松地列出自己的十条信念。但是——就像你手机上的日记那样——你甚至在原则上无法通过仔细端详某人的大脑就从中发现某一小块组织上标记有"相信首尔是韩国首都"或者"打算在周三进行购物"。相反，诸如信念、欲望与意图之类的"东西"在你的大脑中被"实现"的方式（在某种意义上！）就有点儿相像于某一特定日记条目（"十点钟看牙医"）在你的手机电路中被实现出来的方式。

这样一来，我们问题列表中的前三个问题就可以打勾了结了。当然，其实并不是真的如此。我们真正完成的工作是为你提供一些用于思考这些问题的工具：一些你以前可能从未想到的区分、一些（我们希望）有用的类比与示例、一些有用的术语、一些你可能希望批评或改善的论证等等。我们希望你从一开始就认为这些都是很重要的问题:"我们是什么"[的问题]怎么会不重要呢?"我们在身体衰亡后是否可以存活"[的问题]怎么会不重要呢?因此,我们希望至少可以有助于说服你相信哲学确实重要——因为至少在涉及这些特定的问题时,哲学是完成相关工作的正当工具。

论男人的大脑和女人的大脑

让我们继续问题列表上的下一个问题,这也是我们特别喜欢的问题:**如果男人和女人的大脑之间存在差异,这是否意味着男人和女人的行为之间的差异就是天生的,因而是不可避免的?**(if there are differences between men's and women's brains, does that mean that differences between men's and women's behaviour are innate and therefore inevitable?）这是一个[我们]特别喜欢的问题,因为此问题背后的想法就是在某些聪明的神经科学家发现（大多数或许多）男人的大脑与（大多数或许多）女人的大脑之间存在差异之时,你经常听到的想法。而论证经常是这样的:"**看到了吗**(see)? 神经科学向我们展示出男人和女人就是**不同的**(different)。它就是硬线连结(hardwired)。这就是为何——举例来说——护士往往是女性,顾问医生则往往是男性,或者女性往往在多任务处理方面表现得更佳,而男性往往在专心致志的情况下表现得更好。"

我们在"导言"中说过,哲学之所以重要,一个原因是它能够有助于揭露草率的思想。你可能会认为,从定义上说,诉诸新近的一些科学证据本身就与草率思维相对立。但不幸的是,这其实是一个错误:这完全取决于你是如何从证据到结论进行论证的。因此,就让我们来驳斥刚刚所描述的那种论证吧。

让我们首先假定你的心理——所有这些内容：你的信念、你的品格特征、你的喜好等全套物品——都是以某种方式在大脑中被"实现"或编码的。粗略地说，我们在这里假设的观点被称为"物理主义"（physicalism）：这种观点认为一切事物都绝对地以某种方式由有形物质构成或"实现"。当然，你可能对这一假设并不买账。特别是，如果你相信上帝或灵魂，那么你就不会买账，因为这些东西——如果它们存在的话——都不是由有形物质构成的。但是，如果你拒绝这一假设，那么就可以进行以下的练习：请你弄清楚，如果你不假设物理主义，我们即将给出的论证能否顺利展开；如果不能，为什么？

如果物理主义是正确的，那么，如果两个人以某种方式在心理上有所不同，他们的大脑也会以某种方式有所不同。例如，假设穆会说流利的乌尔都语，而艾美尔则不会。那么——在给定物理主义的情况下——他们两人之间一定存在着某种物理差异。而且，由于人们的语言能力将在大脑中而不是在（例如）脚趾中被编码，因此，物理上的差异将会是他们的大脑之间的差异：穆的大脑必须以某种方式不同于艾美尔的大脑。如果简可以在头脑中计算 32×32，而杰克不会相关的心算，又或者肖恩可以记得《波希米亚狂想曲》(Bohemian Rhapsody)是如何开始的，而谢伊阿尼不能做到的话，情况也是类似的 [即，他们的大脑也会以某种方式存在着差异]。诸如此类的情况还有很多。

也许在遥远的将来的某个时刻，神经科学家将能够扫描或探查人们的大脑，并以此为基础分辨出他们会流利地说哪种语言，或者他们在心算上的熟练程度，或者他们能记住的曲调。也许这在未来也无法做到，但是这并不重要。重要的是，人与人之间心理上的差异蕴涵着（entail）他们的大脑之间**存在着**差异，不管现在或将来是否有人能够定位那些大脑的差异。

因此这里有两个问题。假定穆的大脑和艾美尔的大脑、简的大脑和杰克的大脑、肖恩的大脑和谢伊阿尼的大脑之间确实存在着这样的差异。关于这些差异是不是天生的（innate）——即与生俱来的差异——我们究竟能推断出什么？进而——与之相关地——关于这些差异是否对这些人而言都是无能为力的事情，我们能推断出什么？这两个问题的答案是：准确地说什么都推断不出来。根本推断不出什么来。穆并非天生就会说流利的乌尔都语。简也不具有与生俱来的在头脑中将数字相乘的能力，肖恩也并非生来便知《波希米亚狂想曲》怎么开始。此外，我们完全没有理由认为艾美尔、杰克或者谢伊阿尼不能通过改变他们大脑的方式使得他们**将来**（will）能够做那些事情。而且，他们并不需要做任何危险的需要自己操刀的脑部手术；他们只需要将自己沉浸在讲乌尔都语的环境中一段时间，或者在心算上做很多锻炼，或者努力记住《波希米亚狂想曲》的开头。改变你的心灵特征进而你也——在严格意义上——改变了大脑的特征。对你来说，这就是物理主义。

这并不是说：不同的人生而具有的大脑差异**不**会以现实的或者可能的方式影响他们的心灵能力、品格特征或其他方面；这也并不是说我们可以改变我们大脑的**任何**（any）特征。如果艾美尔是只猫而非来自多伦多的八岁男孩，他的大脑肯定会缺少可以使大脑的主人学会说流利的乌尔都语所需要的那些特征。当然，我们不需要由神经科学来告诉我们这些——我们已经知道关于猫的这些信息。无疑地，在出生之时，某些人的大脑就使得他们比其他人更善于或更不善于学习一种新语言或者做心算或者记忆曲调。但是我们绝对不能仅仅从已出生很久的人——例如穆和艾美尔——现在所存在的大脑的差异就推断[他们的大脑]在出生之时就**存在着**那样的差异。我们也不能推论说艾美尔不论现在还是将来都无法学会讲乌尔都语。

那么,回到我们[在这小节]最初的问题:**如果男人和女人的大脑存在差异,这是否意味着男人和女人的行为差异就是天生的,因而是不可避免的?** 好吧,我们已经论证了,穆的大脑和艾美尔的大脑之间的差异——就他们当下八岁的年龄而言——并不蕴涵着那些差异是天生的或不可避免的。就我们所知,在出生时,艾美尔大脑的构成可以使得他完全有可能在适当的环境或训练条件下学会乌尔都语。同样地,就我们所知,艾美尔在现在或将来都有能力学习乌尔都语。完全没有理由否认,适用于穆和艾美尔——或者实际上是会说乌尔都语的人与不会说乌尔都语的人——的东西可以同样适用于男人和女人。

因此,我们希望已经说服你相信,关于最初的问题的答案是响亮的"否"。举例来说,在同理心方面,女性可能——一般说来——比男性表现得更好。我们假设事实的情形就是这样。在这种情况下,负责同理心的大脑部分也必须存在一些相应的差异。这是否就告诉我们,男女之间必然存在**天生的**（innate）差异？不，并不是这样的——这就正如穆会说乌尔都语而艾美尔不会这一事实并没有告诉我们：**他们**之间一定有天生的差异一样。这是否告诉我们，任何一个特定的女人都不会变得不再那么具有同理心，或者某个特定的男人不会变得更加富有同理心呢？再一次地，不——这就正如穆的大脑和艾美尔的大脑之间当下的差异并不蕴涵着艾美尔不会学会说乌尔都语一样。任务完成了。

重要的是要弄清楚我们在这里**尚未**确立的内容。我们尚未确立男人的心理特征与女人的心理特征之间不存在天生的或不可避免的差异。我们已经确立的全部内容是，你不应当从现有的神经科学证据就推论出**存在着**这样的差异。但值得指出的是，确实存在着很多可供使用的事实——与神经科学无关的事实——**真的**似乎（do seem to）可以很好地解释为什么男人和女人之间存在着一些普遍的心理差异。就来思考一下男孩和女孩在养育方式上的巨大差异吧：他们被给予的玩具的种类，对他们的漂亮程度的重视程度，他们从父母和老师那里获取的期望，他们所生活于其中的那种关于他们应当如何行为的文化，等等。我们了解到的这些事实并非来自哲学或神经科学，而是来自其他的学科——社会学、社会心理学和发展心理学等——尽管在这些论题上哲学当然有很多用武之地。当谈及回答这些重要问题的时候，关键的是协作而非竞争。

自由意志与神经科学

由此来到我们的最后一个问题——这是一个大问题：我是否拥有自由意志，或者我只是被大脑和环境通过程序设定为以某种方式来行为的？（do I have free will, or am I merely programmed to behave in certain ways by my brain and my environment?）好吧，让我们从神经科学家本杰明·利贝特（Benjamin Libet）于1980年代设计的一项古老实验开始。你的头部通过一些电极连接到测量你的大脑电信号活动的机器上。在几分钟的时段里，不论何时只要你感受到想要屈伸手腕的冲动（urge），实验者就会要求你屈伸手腕。你正在注视着一只表针快速移动的时钟，每当你**确实**感受到（do feel）相关冲动时，你都会被要求呈报你开始感受到相关冲动的时候时钟表针所在的位置。而每当你屈伸手腕时，机器都会记录下在你做出相关动作之前大脑中正在发生的电信号活动。

实验人员发现，通常在实验被试报告他们初始感受到屈伸手腕的冲动之前的350毫秒（大约三分之一秒）左右的时候，[被试大脑的]电信号活动中会有一个大的峰值。换言之（正如我们即将看到的那样，这种说法可能是误导的），在被试者有意识地意识到相关冲动之前，他们的大脑就"知道"他们将会感受到屈伸他们手腕的那种冲动。

包括许多神经科学家在内的很多人都从这一实验以及类似实验得出结论，并不存在自由意志这样的东西。以《科学美国人》(Scientific American, 2016年4月28日)的一条新闻摘要的标题为例："神经科学所谈论的自由意志：我们坚信自由意志的存在，但自由意志可能只是大脑捉弄其自身的一场恶作剧（a trick the brain plays on itself)。"很容易看出人们是如何跳到这一结论的。毕竟，看上去的情况好像是：在你感受到相关动作冲动之前，你的大脑已经"决定"你要屈伸手腕了。因此，**你**并非真正地掌控自己的所作所为——你的大脑才是[掌控者]。

然而，关于跳到上述结论会有什么错误之处，依旧有很多值得说明的内容。这里只是其中的一些。首先，你的大脑没有**决定**（decide）任何事情。或者说，就如下方面而言——感到身体有所不适或者想要一块咖啡核桃蛋糕——大脑不做决定——**人**（people）做决定，这些决定是由他们的大脑"实现"或"实施"的（在此我们再次假定了物理主义）。因此，无论你的大脑在做什么，它都没有在做决定。

其次，从"当你屈伸手腕时你没有行使自由意志"到"从未有人行使自由意志"是一个巨大的跳跃。即使我们同意第一项主张，也不必接受第二项主张。一旦你同意进行实验并因此在你感到需要时就简单地屈伸手腕，此时也许你确实没有行使自由意志。我们关心自由意志，因为我们关心掌控自己的命运并为自己的行为承担责任。当你感到有做某事的冲动的时候就去做某事，在某种程度上，**就是**没有成功地行使自由意志。由此并不蕴涵我们**从不**（never）行使自由意志。当你决定在大学学习什么专业或者面临道德两难困境的时候，准确说来，你并**不是**仅仅在遵从自己的冲动：你在权衡不同的想法并试图找出最佳的行动过程。如果我们两位作者仅仅是遵从我们的冲动的话，我们将会吃掉大量的蛋糕。

但是，我们在实际生活中的蛋糕消耗量是很适中的，因为我们（经常）能够克服这些冲动，并取而代之去做那些我们认为是最好的事情。

行啦，但是如果神经科学家能够以某种方式设计一个实验，在实验中你被要求要做出决定——例如，去吃那一块蛋糕的决定——并且他们也得到了相同的结果，即就在你做出相关决定之前，同样存在着一个脑部活动的峰值呢？让我们设想已经拥有了这样的结果供我们讨论。即使我们承认你的大脑没有**决定**（decide）去吃蛋糕，关于那种你的决定其实是被大脑中发生的事情所预先编程设定或被支配（determined）的想法难道不是依旧令人感到震惊吗？以这种方式被预先编程设定或被支配的决定将是不能自由做出的，难道这还不明显吗？

我们也许不必指出这一点，但是关于这个问题的哲学观点已有数百年的分歧，而且相关争论也没有显示出它可以很快得到解决的任何迹象。一些哲学家认为，自由行动或自由做出决定确实需要你的行动或决定不受之前（在你的大脑中、在你的成长经历中、在你的环境中或其他什么地方）发生的事情所支配。之所以这样认为，是因为他们认为，自由行动要求那种去**做出不同行动的能力**（the *ability to do otherwise*），并且他们认为这种能力需要避免被那些过去的因素所支配。因此，他们认为，在你原本可以接受那块蛋糕的情况下，你才自由决定放弃这块蛋糕，并且他们认为，这里所需要的是你和环境的所有过去特征——包括你的大脑中之前发生的一切——对于你是接受蛋糕还是拒绝蛋糕来说，必须是开放性的才行。

其他人则不同意[上述观点]。其中的一些人虽然认同自由行动需要有那种去做出不同的行动的能力，但他们否认这种能力需要摆脱过去相关因素的支配。例如，他们将会指出，能力通常是指那种即使我们没有运用它们的时候——甚至我们是被支配得无法运用它们的时候——也依旧可以保持的东西。例如，你可能有能力去做如下列表中的事情：骑自行车、弹钢琴、系鞋带。这些并不是当你正在做这些事情的时候才能拥有的能力；它们甚至不是那种你只有在自行车、钢琴或鞋子附近的时候才具备的能力。当有人向你提供了一块蛋糕的时候，你决定去吃蛋糕的能力也是如此：这也是你在那个时刻决定不去吃那块蛋糕的能力；只不过这一能力在当时你（也许是在被支配的意义上）并没有运用而已。

还有另一些人否认自由行动首先要求有那种去做出不同的行动的能力。他们经常通过诉诸道德责任——因自己的行为而值得称赞或应受谴责——要求自由行动的想法来对他们的主张进行辩护。假设你的善良且具有公益意识的本性——这是你一生努力维护和发展的品格特质——真正支配了如下的行动：当看到前方行人掉落的钱包时，你会走过去，拿起钱包，将其还给失主。基于假设，你这么做是被你的环境与你的品格所支配的。

但是，如果道德责任要求自由行动，而自由行动又要求有那种去做出不同的行动的能力，那么，你将钱包归还给钱包主人的做法就不值得赞扬：由于你的善良且具有公益意识的本性，你是无法做出不同行动的，所以你没有自由地行动，因此你对所做的事情在道德上也不能负责。对于某些哲学家来说，这听起来明显是错误的。

为什么关于自由的争论会很重要？其重要性的原因之一就是我们刚才提到的自由意志与道德责任之间的联系。譬如赞扬和指责人们，譬如如果他们故意使你不安，你就会对他们的所作所为表示愤慨并由之决定是否接受他们随后的道歉，譬如当他们对你友善的时候，你就表示感谢等，诸如此类的事情，在我们与他人的关系中扮演着非常重要的角色。但是，如果没有自由意志，那么道德责任将是一个神话：没有人会应得称赞或指责、感激或愤慨，他们将永远没有理由为任何事情道歉。如果我们放弃让人们对他们的行为负责的想法，也许我们的人生就对我们而言没有意义。而另一方面，也有一些哲学家认为，相信自由意志对我们不利：它使得如下的想法得以正当化：人们真的应受指责和惩罚，并因此而促发怨恨、内疚和羞耻——而摆脱这些东西，我们的情况就会变得更好。关于这一问题到底哪一方才是对的呢？我们打算把它留给你来思考。

第二章

理解公开辩论

❋ ❋ ❋

在撰写本书的时候,国际新闻最大的话题之一就是唐纳德·特朗普(Donald Trump),而且他占据话题中心也已经有相当长的一段时间了。特朗普当然是一个高度政治性的话题,但出于本章的目的,我们将不关注政治。相反,我们将聚焦于围绕着公共和政治辩论的本质及其基础结构的问题——而特朗普以特别生动和令人不安的方式提出了相关议题。

传统意义上的"辩论"——发生在大学辩论社团或者诸如英国下议院或者美国众议院等政府议会与参议院当中——是这样的一种情形,处于该情形之中的人们在诸如关于被提议的立法条文的明智性,或者是关于堕胎、安乐死、资本主义等内容上持有相反的信念,然后

36　他们为其所持有的信念提供理由,并且努力提出不相信对手所持信念的理由。"辩论"[如今]已经有了更广泛的含义;关于某事的"公开辩论"通常就是人们在公开的或半公开的公共讨论场所(在报纸上、在社交媒体上等等)表达自己的观点。互联网使用的迅猛增长同时使公开辩论变得更加容易——任何可以访问互联网的人都能够很容易地找到几乎是关乎任何主题的讨论,并在互联网上与朋友和陌生人交换看法——但是这也带来很多更不守规矩的东西。

互联网当然是发现信息的非凡工具,但不幸的是,它也是发现**错误**信息(*mis*information)的非凡工具。而且二者的差异也很难分辨:我们应该信任哪些新闻媒体和推特消息(Twitter feeds),又应该规避哪些新闻媒体和推特消息呢?我们又如何区分信誉良好的[信息]来源和水军引战工厂(troll factories),区分经过认真调研的新闻报道和基于少数流氓推文(rogue tweets)——这些流氓推文的发布者就相当于网络上的"纵火犯",他们将煽动性的主张散布到推特圈(Twittersphere)当中就是为了引起回应——的新闻报道呢?

这些都是很难回答的问题。但是,这里潜伏着一个更基本、更独特的哲学问题,那就是:我们能否将[正确]信息筛离于错误信息是**重要**的吗?(does it *matter* whether we can sift the information from the misinformation?)这是本章要解决的第一个论题。第二个论题——第一个论题使得第二个论题成为可能——则更直接地与唐纳德·特朗普有关,该论题涉及我们将他人,特别是政治领导人作为信息来源而对其所给予的**信任**(trust)。为什么在公开辩论的语境里信任是很重要的呢?为了回答这个问题,我们需要思考什么是信任,以及政客——通过诸如在社交媒体上断言虚假信息,将他们不喜欢的每条新闻报道都看作"假新闻"等的做法——是如何破坏信任的。

不过，在开始之前，我们先要谈一谈哲学在本章中所扮演的角色。第一章［的相关讨论］显然是哲学性的。但本章的大部分内容都不是［那么哲学］；确实，［本章中的］许多内容可能会让你感到不过是一些平凡的常识而已。因此，你可能会想：所有哲学的东西都去哪里了？［我们给出的］答案是：有时候，哲学其实就**是**常识。或者——有时会被说成——是"精致的常识"（refined common sense）。有的时候，哲学家所做的并不是给自己提出一个非常抽象的问题，然后就拿着一张白纸和一支铅笔来着手回答这个问题；有的时候，哲学家会从日常方式开始［相关思考］，这些日常方式其实就是我们在应对自己的生活，尝试搞清楚都发生了些什么事情以及为什么会发生这些事情的时候所使用的那种方式，［相关的差异可能是，哲学家的方式更体现出］独特的哲学性——但［这种独特的哲学性］并不必然是深奥难懂的或者高度理论化的。

这基本上就是本章将要展开的讨论。例如,我们将会提出如下的问题:为什么拥有信念是好的(good)?为什么拥有真实而非虚假的信念是好的?何种东西可以作为信念的证据?以及,证言(testimony)是如何发挥作用的?这些问题都出现在一种被称为**知识论**(epistemology)的哲学领域之中。你可能之前没有研究过知识论,也不知道任何技术术语,但是,你或许能至少在某种程度上自己回答上述问题——然而,关于你的这种情况却不会使相关问题变得不那么哲学。

请你相信我们——人们在知识论当中还可以提出很多更为深奥难懂的问题!但是,我们会远离这些问题,因为在本章中将重点关注的是那些会影响到我们所有人的、鲜活的、实际的和重要的论题,[而对这些论题的讨论]实际上并不要求太多的抽象而技术性的理论化操作。

证据与信念

让我们——自然地——从之前已经提到的第一个问题开始:我们能否将[正确]信息筛离于错误信息是**重要**的吗?好吧,当你应对日常生活的时候,你总是要依靠自己的信念。我们并非想要这样的说法听上去很深刻——我们并不是在谈论对上帝的信仰、关于人性的根本性的善或其他事情的信念(尽管你可能也同样依赖这些信念)。相反,我们所谈论的是那些完全平凡的信念。如果你真真切切地想要香蕉,却对于在哪里可以找到香蕉一无所知,那么你将陷入迷茫。如果你想在 11 点之前到达东京,你最好拥有——或者设法获得你当前尚不具备的——如下一系列信念:列车何时出发,列车到达东京需要花费多长时间,从你的家里到车站需要花费多少时间,等等。

一般而言,如果我们的信念是**真的**(true),那么,这些信念确实[对我们]有所帮助——否则，我们常常会在尝试实现自己想要达成的目标的时候受到挫败。如果你关于商店现在开门营业的信念是虚假的，那么尝试去那里买香蕉的做法就会徒劳无功——你无法从那里得到香蕉。如果你关于去东京的列车在 8:15 发车的信念是虚假的——也许这是因为你误读了列车时刻表——那你恐怕就无法在 11 点前到东京。

当然，这取决于细节。如果列车实际上在 8:18 发车，你可能仍然会没事；在这种情况下，你的虚假信念所带来的全部代价就是轻微的不便，即你不得不在站台上再额外等待三分钟，然后比预期的时间晚三分钟到达[目的地]。但是，总的来说，拥有真信念是一件好事，因为你的行动和计划是基于你的信念的，如果这些信念不是真的，那么事情很可能就无法按照你希望的方式得到解决。

当然，上述说法不仅适用于诸如吃香蕉和坐火车等日常事件，而且也适用于我们参与社会和政治领域的相关活动。如果你要在即将举行的关于比如是否要脱离欧盟的全民公决中投票，而你最关心的事情是[英国的]国民医疗服务体系（the National Health Service）的状态，那么——如果你是理性的话——你将根据自己是否相信留在欧盟或脱离欧盟会更有可能改善国民医疗服务体系的状况，来进行投票。但是，再一次地，重要的事情在于这种信念是不是真的。（比如说）如果你投票支持"脱欧"，是因为你相信脱离欧盟意味着政府每周将在国民医疗服务体系上额外投入3.5亿英镑——正如2016年实际进行的"脱欧"运动所一再强调的那样——那么，特别重要的是，脱离欧盟是否事实上会产生这样的结果。如果[脱离欧盟]不会[带来上述结果]，那么，你投票支持"脱欧"的做法，将无法帮助你实现希望达成的结果。

[我们]快速聊几句关于真相(truth)¹的题外话。真相的本质对哲学家们是非常棘手的问题。但是,他们几乎都同意的一件事是:语句"p"是真的,当且仅当,p(a sentence "p" is true if and only if p.)。"今天是星期二"是真的,当且仅当,今天是星期二;"首尔是韩国的首

---

1 关于"truth"的汉语译法本身也是一个棘手的问题,译者在自己的相关哲学科研、写作中,一般偏好将"truth"直接翻译为"真"(而非"真理"),这是因为在相关研究中,"truth"所对应的一般是陈述、命题等对象所具有的那种"是真的"(being true)的性质,因此,"truth"可以用来描述那些十分日常的(有时甚至是颇为琐屑的[trivial])陈述或者命题——比如说,北京大学坐落于北京,2020年9月5日是星期六——的相关性质。我们在针对类似于上述陈述的对象讨论其"truth"的时候,并不具备汉语语境中关于"真理"这一术语的那种更为厚重的理论意涵——换言之,在汉语表述中,很少会把诸如"北京大学坐落于北京""2020年9月5日是星期六"这样的陈述称为"真理"。为了避免相关误解,译者通常更偏好于将"truth"直接翻译为"真"。但是,在翻译本书时,译者发现该书的两位作者主要是结合信念、证言等知识论领域中的研究对象来讨论"truth",在这种情况下,将"truth"翻译为"真相"更符合汉语表述的相关习惯,同时也不至于带来严重的误解。因此,译者统一将本书中的"truth"翻译为"真相"。——译者注

都"是真的,当且仅当,首尔是韩国的首都;依此类推。如此一来,比如说,如果你确信首尔是韩国的首都,那么你就应该同样确信语句"首尔是韩国的首都"是**真的**(true)。这很重要,因为人们有时似乎认为,相信某一给定语句"p"是**真的**,要比仅仅相信 p 要求更高。情况并非如此。如果你确定地相信上帝存在或者塞雷娜·威廉姆斯(Serena Williams)明年将会赢得美国网球公开赛冠军,那么你也应该——同样确定地——相信上帝存在是真的(这就相当于:语句"上帝存在"是真的)或者明年塞雷娜·威廉姆斯将会赢得美国网球公开赛是真的。

因此,拥有真信念对我们十分重要:一般说来,真信念有助于我们获得想要的东西。那么我们又如何获得真信念呢?特别是,我们如何将真的东西与假的东西区分开来呢?简短的答案就是:通过获取证据。在下一章关于科学与宗教的讨论中,我们将对证据的本质和种类进行更多的说明。就目前而言,仅列出一些普普通通的关于证据的来源就足够了。

也许最基础的证据是由你的感官所提供的。你可以通过走过去查看一下的方式来检查你是否闩闭了后门或者橱柜中是否还有香蕉;你可以通过触摸散热器的方式来了解暖气是否开启;等等。(这里有一个我们所忽略的知识论中的问题:如果可能的话,我们如何确保我们的感官不会一直是广泛地欺骗我们呢?这就是怀疑论[scepticism] 的问题。)

但是,我们的很多信念并不是基于我们关于信念对象的直接经验。对未来的信念就是这种类型的例子:除非你拥有一台可供你任意使用的时间机器,否则,很不幸,你将无法直接检验公交汽车是否会准时抵达。你将不得不依靠**过去的**直接经验——公交汽车在过去通常准时抵达——并**推论** (infer) 出今天公交汽车也将准时抵达。(这里又有一个我们所忽略的问题:如果相关要素存在的话,是什么辩护 [justify] 了这种根据过去所发生的事情得出关于未来的结论的做法呢？这就是归纳法［induction］的问题。）

但是不论相关信念是否涉及未来，我们还要经常依赖**间接的**（*in*direct）证据来源。你以前从未乘坐过从纽约到波士顿的列车，那么，当你需要对下一趟列车何时发车形成信念时，你就没有直接的过去经验可依靠；你就不得不查阅在线的时刻表或者宾夕法尼亚车站（Penn Station）的列车发车告示板（the departure board）或者诸如此类的东西。你相信：如果拨打这一号码，你会接通你朋友的电话；关于上述信念的证据是相关号码列于你的通讯录之中。关于你的烤箱已经达到所需温度的证据是，指示灯刚刚熄灭（当然，这都是你自己的经验，但并不是关于烤箱温度的**直接的**［direct］经验。你所依赖的假设是温度调节器和指示灯均是正常工作的）。诸如此类的东西还有很多。

当然，这些证据来源——甚至连我们感官的直接证据——都不是**完全**可靠的（*completely* reliable）。瞥了一眼大门并不能**保证**（guarantee）你关于大门已经锁住了的信念是真的。也许你并没有将门闩完全放到位，所以大门仅仅是看上去好像锁住了，但是其实没有被锁住。也许你在手机的通讯录中录入相关号码时打错了数字，或者你的朋友在你上次通话以后已经更改了她的号码。也许——仅仅是也许而已——那串看起来像是美味的香蕉的东西实际上是用塑料制成的，有人为了欺骗你而将它放在了橱柜之中。尽管如此，总的来说，如果我们小心谨慎（并搁置之前提到的怀疑论问题和归纳法问题），至少在涉及吃香蕉、搭火车、安排与我们的朋友见面等事情上，我们其实还是善于利用我们可用的证据来达成真信念而非假信念的。而且，当我们的证据收集流程开始让我们失望时，我们也很擅长调整它们：一旦你意识到相关电话号码无效，便会停止使用它，然后尽力去找到正确的电话号码。

讲述真相

还有一个非常重要的证据来源——这也是本章的其余部分我们将聚焦的内容，即他人（other people）。每当你在报纸或者历史书籍或者脸书（Facebook）上读到某事，或者某人亲自告诉你某事，你因此形成相关信念的时候，你就是依靠另一个人（another person）或者是他人（other people）来作为证据。这种类型的证据被称为**证言**（testimony）。粗略地说，我们可以将证言视为"二手证据"。当你问某人去车站的路线时，他告诉你一直向前走然后车站就在前方银行的左边，这时，你会期待他对于相关陈述是有证据的。你不知道这些证据是什么——也许他自己刚刚从车站那边过来，或者也许是他住在这里，或者也许是他在几分钟前看过地图并恰好注意到了车站的位置，或者诸如此类的东西——但是，当他原本可以只是简单地回答说"对不起，我不知道"的时候，他却向你志愿提供信息，你就会**信任**（trust）他确实有很好的证据支持他所说的话。同样，如果你在阅读一本畅销的历史书，书中对过去的历史有很多断言，但书中可能不会告诉你作者提出这些断言的证据是什么。又是这样的情形，当你相信书里这些说法的时候，你也就信任书中的说法确实是有证据的，尽管你——再一次——不知道这些证据究竟是什么。

证言是可靠的证据来源吗？好吧，我们都知道——即使我们在以前的文摘中没有明确考虑过这一点——对此问题的答案仍然是："视情况而定。"例如，我们都有一些这样的朋友：他们容易夸张，或者当他们只是在街头小报的八卦专栏中阅读到某些事情时，就会将这些东西说成是不容置疑的已知事实；我们还有一些被认为在任何话题上都是非常可靠的证据来源的朋友，因为他们往往没有充分的证据就不会说出那些事情。

出于多种原因，依靠证言是一件微妙而棘手的事情。正如我们刚刚看到的那样，其中的原因之一就是，当我们依靠某人的证言时，我们通常不知道相关的证据是什么，我们甚至不知道他们是否真的有任何证据。当陌生人告诉你车站在直行的前方银行的左侧时，你将不得不决定是否信任他们；要求他们向你解释他们的证据是什么可不是一件礼貌的事情。依靠证言是微妙而棘手之事的另一个原因是，即使有人引述了他们的证据，你也无法自己来评估相关证据。报纸上的报道常常会告诉你记者为了做出他们在相关报道中所做的至少部分主张，他们所拥有的证据；他们会有摄影证据、引证来源（这样一来他们自己也是依赖证言的）、统计数据或其他内容。但是，他们所引证的证据本身是否可靠，当然是你无法真正判断的。未披露姓名的"来源"或"友人"他们自身是不是可靠的信息来源？摄影证据是否被篡改？统计数据是否被操纵或错误解读了？在这种情况下，我们通常不得不诉诸关于报纸通常所坚持的新闻从业标准的非常一般性的信念（对这些信念，我们可能同样缺乏很好的证据）：例如，他们是否有篡改照片的记录？他们发布关于先前报道的名人八卦的撤稿和道歉声明的频率如何？

关于证言的另一问题是，人们当然有时是会**撒谎**(lie)的。这不仅是因为他们缺乏足够好的证据来支持他们所说的内容；他们其实正在积极且有意地试图让你相信他们自己也知道或认为是虚假的东西。当我们无法通过与他们对话来了解他们是否真的相信自己所提出的主张时，我们又怎么能判断一个人是否在对我们撒谎呢？对这个问题可没有简单的答案。

因此，到目前为止，我们已经看到（a）拥有真信念是件好事；（b）依靠可靠的证据来源支持你的信念，这是使你更可能形成真信念的一种好方法；以及（c）特别是在证言的情形中，要弄清楚你所依靠的证言是不是相关人士基于可靠的证据来源而做出的断言，这可能非常困难，有时甚至几乎是不可能的。

之前我们说过，对于"证言是可靠的证据来源吗？"这一问题的答案是：视情况而定。当然，这也是真的——**确实**视情况而定（it *does* depend）。但是，让我们暂时不要纠结于特定的案例，而是询问是否存在着任何理由让我们认为证言一般（in general）是可靠的证据来源。作为一种默认（default）立场，我们是否有权假定总体上人们是可靠地告诉我们真相的？我们认为针对该问题的答案是"是的"——但是，正如我们稍后即将看到的那样，对该立场的重大威胁使我们十分担心。

我们将会采取一种有些迂回的方式来论证：证言确实一般而言是（但当然绝非总是）可靠的证据来源，[我们这种迂回的论证策略]是从讲述真相（telling the truth）是一种**道德规范**（a *moral norm*）的断言开始的。（这一步是颇有争议的举动，但是，正如我们之前所说，哲学上几乎所有举动都是有争议的。）正如我们所说，证言来自于他人。和温度调节器、笔记本电脑或者智能手机不一样，人们要服从于道德规范：[这些道德规范就是]我们（大多数情况下）知道在日常生活中应当遵守的那些规则或行为准则。我们知道，不应该偷窃或故意伤害他人；或者，在炎热的天气下，不应该将狗置于车窗密闭的车内。我们主张，类似的一种道德规范就是要讲述真相。更准确地说，我们应该只说那些具有充分证据的事情，即我们有**良好的理由**（good reasons）认为是真的那些事情。如果你四处去说那些你缺乏良好证据的事情，或者其实是你有良好理由认为是虚假的事情，那么你就违反了这条道德规范。

明显的例外也是存在的。没有人期待一位作者在其小说中讲述真相：达西先生从未真实存在过的这一事实并不会对简·奥斯丁（Jane Austen）造成不良影响。同样地，当一位脱口秀喜剧演员向你讲述一个有趣的故事，而故事说的是日前发生在该演员身上的事情时，你并不是**真的**（really）期待她讲述真相。对我们而言，[故事情节]是真是假并不重要。重要的是[故事被讲得]很有趣。还有其他的一些例外情况：当持枪的入室盗贼逼问你珠宝放在哪里时，如果你认为通过告诉他珠宝在隔壁这一虚假信息可以给你争取足够的时间逃离家中并去报警的话，你就可以撒谎。准确确定何时可以不讲述真相是一项艰巨的任务：当你的朋友问你是否喜欢他的新发型时，即使你认为[他的发型剪得]很糟糕，你是否应该告诉他看起来很棒呢？是否可以告诉小孩子圣诞老人是存在的？但是，有时撒谎**是**可以的（it sometimes *is* OK to lie）或者有时可以说出那些没有良好证据的事情的这种事实并没有削弱我们应该**通常**（in general）讲述真相的断言。（偶尔地，偷窃也可能是可以的，比如说，出于某种原因，偷窃是你能够挽救他人生命的唯一方法。但这并没有削弱我们**通常**不应该偷窃的事实。）

那么，假设讲述真相确实是一种道德规范。现在，人们——当然，是就总体而言，而非毫无例外——会倾向于遵守道德规范吗？我们认为针对该问题的回答也是"是的"；而且我们认为该回答是具有充足证据的。只要考虑一下你的日常事务中遇到了多少人，然后再思考一下，就全景式的通盘考察而言（in the grand scheme of things），人们违反道德规范的情况是多么稀少。[请试想一下]你被一名随机的陌生人故意绊倒或者恶语咒骂，或者被抢劫或入室盗窃，或者在咖啡馆里被多收费……相较于你每天**可能**（could）发生的那些事件的数不清的次数而言，[你所试想的]上述的事情是多久才会发生一次呢？[应该是]十分稀少的（除非你是异常不幸的）。既然如此，至少作为默认立场，你就有权假设，大多数人在大部分时间都不会违反道德规范。因此，如果讲述真相是一种道德规范，那么你也有权假设——同样是作为默认立场——人们会向你讲述真相。

或者，至少按照目前的情况来看，你是[有权做出上述假设的]。但是我们认为，这一权利资格（entitlement）受到了威胁。

扯淡（Bullshit）

总体来说，我们已经说过，人们**确实**（do）讲述真相——但不幸的是，并非所有人在所有时刻都是这样做的。不去讲述真相的一种方法当然是说谎——故意说虚假的东西。然而，即使是说谎者也倾向于至少隐含地**承认**(implicitly *acknowledge*)或敏感于我们称为"真相规范"的东西。想象一下肖恩希望谢伊阿尼错过她的火车，所以，当肖恩很清楚地知道车站事实上是在左边的时候，他却告诉谢伊阿尼说车站在右边。肖恩在撒谎，但他仍然承认真相规范，即便他其实是违反了该规范的。肖恩所说的内容是真是假对他自己来说是重要的，因为他希望谢伊阿尼是带着假信念——而非真信念——离开，这样才能让谢伊阿尼错过她的火车。

但是现在想象一下，当谢伊阿尼问肖恩车站在哪里的时候，肖恩就会说出现在他头脑里的第一件事。肖恩其实不在乎他所说的是不是真的。也许他只是想让谢伊阿尼尽快离开，然后为了达成这一目的，肖恩就给了谢伊阿尼一些方向指示——任何能让谢伊阿尼尽快离开的方向指示。肖恩根本不在乎谢伊阿尼是带着真信念还是假信念离开的——只要她离开了就行。在这种情况下，肖恩并不是真的在**撒谎**（lying）。一方面，他可能是在讲述真相。也许进入他脑海的第一件事实际上是到达车站的正确路线。但如果是这样，那也只是个意外而已——他并不是**因为**（because）他认为相关内容是真相才说出他的话。而且，如果他没有讲述真相的话，他也没有真的在撒谎，因为他没有试图**欺骗**（deceive）谢伊阿尼；

就像我们说过的那样,肖恩不在乎谢伊阿尼最终形成的是真信念还是假信念。肖恩根本就不承认真相规范或者对真相规范不敏感。

肖恩在第二个例子中肯定表现不佳,因为他没有尽一切努力来讲述真相。但是,给定他也没有说谎的情况下,他到底做的**是**(is)什么呢?幸运的是,多亏了哲学家哈里·法兰克福(Harry Frankfurt),[我们才]有了一个技术术语来描述肖恩的所作所为,这个术语就是**扯淡**(bullshit)。扯淡就是在不关心相关内容是否为真的情况下说东西。

有人可能出于各种原因来扯淡。互联网引战水军(internet trolls)可能主要是些扯淡的家伙。我们假设,大多数情况下,互联网引战水军之所以这样做,主要是因为他们只是想产生影响——正如我们之前所说,他们就相当于互联网上的纵火犯。互联网引战水军不仅不在乎他们所说的是不是真的,甚至也根本不在乎他们说的是什么，只要这些内容可以使很多人被搅动起来发表愤怒的回应就足够了。那些对自己老板的观点或者他们想要打动的人的观点进行鹦鹉学舌的人，[也不过看上去]好像这些观点是他们自己的，但这些鹦鹉学舌的人从不考虑他们自己是否真的相信那些事情，这些人也是扯淡的家伙。他们可能有充分的实用理由来扯淡——也许避免被解雇的唯一方法就是与老板所说的一切保持一致——但他们仍然是在扯淡。

唐纳德·特朗普沉迷于很多扯淡。与你看到的那些一般的互联网引战水军不同，特朗普**确实**在乎（*does care*）自己所说的事情；他希望人们相信他是一位出色的总统，他做得很好，他很聪明，他很受人欢迎。但是（我们主张）当特朗普试图通过推文和演讲使人们相信这些事情时，他常常毫不关心所说的内容是不是真的。像肖恩一样，他没有**撒谎**。他只是不**在乎**真相规范。

思考一些案例："美国公众已经受够了美国橄榄球大

联盟（NFL）对我们的国家、我们的国旗和我们的国歌的无礼不敬。"（2017年5月28日推文）好吧，真的如此吗？针对下列议题，在美国公众中是否进行过任何（方法论上有效的）调查：美国公众是否认为在国歌[奏响]期间跪下的美国橄榄球大联盟的球员不尊重任何东西？如果是这样认为的，美国公众是否受够了？我们并不这么认为。又如："特朗普大厦烧烤店（Trump Tower Grill）做的墨西哥玉米卷饼碗（taco bowls）是最棒的。我爱西班牙裔！"（2016年5月5日推文）真的吗？特朗普到底在其他地方吃过多少墨西哥玉米卷饼碗？他真正考虑过自己是否**真的**（really）爱西班牙裔吗？（如果他考虑过这个问题，他也许该问问自己，以墨西哥玉米卷饼的美味为基础来对整个少数族裔群体做出判断是否有点儿种族主义。）再如：特朗普于2018年6月18日在推特上所做的、可证明是虚假的断言："德国的犯罪率上升了。"事实上，2017年的数据显示，德国的犯罪率比2016年下降了9%，比2012年下降了4%。

这些评论的独特之处在于，特朗普似乎对于这些评论是不是真的**毫不关心**（unconcerned）。对他而言，真或假似乎并不是一个相关的考虑因素。例如，他并不在乎德国的犯罪率是否确实在"上升"——如果**真的**在乎（*did* care），让他的雇员去查证一番，对他而言不费吹灰之力。特朗普希望你相信[德国的]犯罪率在上升，所以——仅仅出于这个理由——他才那么说。至少在这些语境中，他就是不被真相规范所打动。这有点儿像一个从商店偷糖果却没有问自己是否做错了什么事情的小孩子：他想要糖果，他有拿到糖果的机会——这就是唯一重要的事情。

我们关于特朗普是个扯淡的家伙的说法可能会是错误的。也许他真的相信所有那些事情。那会使他成为一个试图遵守真相规范的人；不幸的是，这也会使他陷入错觉。我们都知道，简单地相信我们想让其成为真的事物并不是努力遵循真相规范的好方法。想让塞雷娜·威廉姆斯赢得美国网球公开赛本身并不构成相信她会获胜的理由。

我们主张，扯淡的概念是理解"后真相"（post-truth）概念的一种有用的方式。《牛津英语词典》（The *Oxford English Dictionary*）将"后真相"定义为"相关于或者指示的是如下这种情况：在塑造公众意见方面，相较于诉诸情绪与个人信念而言，客观事实变得更不具有影响力。"（relating to or denoting circumstances in which the objective facts are less influential in shaping public opinion than appeals to emotion and personal belief）但是，我们认为，那些倾向于被贴上"后真相"标签的东西——特朗普的推文，网络引战水军工厂发表的帖子，等等——不是（或者至少常常不是）诉诸情绪与个人信念的；相反，那些东西是扯淡。提出那些断言的人通常根本就不在乎他们所说的内容是不是真的。

为什么扯淡很重要？扯淡之所以重要，是因为其反面讲述真相很重要。我们先前关于讲述真相是一种道德规范的说法并非凭空而来的随口一说。当人们不再讲述真相时，事情就会出错。正如我们之前所看到的，如果你有虚假的信念，那么事情对你而言就可能会出现差错——你可能会错过火车、开会迟到，等等。信任那些无法告诉你真相的人——相信他们说的话——也会对你不利。当然，我们可以并且事实上也是通过停止信任那些无法对我们讲述真相的人的做法来回应他们。这一策略在局部层面上的效果很好；如果你不再信任名人八卦专栏作家或星座运势作家，或者不再信任那个在他所谈主题上倾向于夸大自己所能够提供相关真相的成就的朋友，这些做法不会有任何伤害。但是，如果我们的信任在更大尺度上受到破坏的话，这对我们以及整个社会而言都是不利的。我们已经集体学会了忽略推特上引战水军所投掷出来的言语手雷，但是，这些引战水军的大量存在会破坏我们给予任意陌生人的证言的信任——这种信任是我们进行各种各样日常交往所必需的。我们只能希望这些人将扯淡限制在互联网上。

然而，当涉及政治人物以及新闻媒体的时候，说谎和扯淡则是一个非常严重的问题。如果我们不能信任**他们**至少在其能力所及的范围内对我们讲述真相，我们将失去有效参与民主进程的能力，而民主进程则决定着我们和其他人的生活特征，如下这些事务比起错过火车之类的要远远重要得多：学生债务、失业、体面的医疗服务、气候变化等等。而且，如果允许来自这些源头的不可信任的证言可以不受挑战地流布开来，那可能会使你开始怀疑是否可以信任**任何**（any）政治人物或新闻工作者来告诉你真相——因此你也会怀疑投票的目的是什么。

但是，我们并不只是不可信任的证言的被动接受者。号召人们行动起来（callig people out）——让他们对自己的行动负责——是许多道德规范得以确立且一旦确立后得以持续的方式。想一想"我也是"（#MeToo）运动。女性说出了：我们已经受够了这种行为；我们不会再让它不受挑战地大行其道了。这进而正改变着人们用来指导其行为的规范。也许我们现在需要的是"讲述真相"（#TellTheTruth）运动。我们希望在本章中所完成的工作是帮助你开发那些可以解释为什么讲述真相是如此重要的工具。[如果我们失败了]我们将会有很大的损失。

第三章

理解世界

*　*　*

世界似乎可以通过多种方式让人感到神秘莫测。科学家可以用最好的方式解决很多问题，例如，无线网络（Wi-Fi）是如何工作的？桥梁的最佳形态是什么样子的？以及，[我们的地球]到参宿四（Betelgeuse）的距离有多远？但是还有其他许多问题是科学无法解决的。什么是自由意志？最佳的政府形式是什么？在治疗痴呆症患者的时候，我们应该多大程度上咨询病人亲属的意愿？这些都是困难的问题，而且至少在一定程度上都是哲学问题。本书的其他部分针对诸如此类的问题都进行了讨论。现在，让我们后退一步，思考一下这两种（two kinds）问题以及哲学与科学在帮助我们理解整个世界的过程中所扮演的不同角色。

智性劳动的正当分工（the right division of intellectual labour）并不总是界限清晰的；有一些问题存在于那些跨学科合作必不可少的领域中。这本来应该没问题：我们都是成年人，对吧？但不幸的是，许多具有公众熟悉的科学家毫不在意地随意宣称：哲学已经死亡或者哲学是无用的，或者神学中除了那些博眼球的、但明显是虚假的事物之外就没有[什么真实的]主题；这些科学家的所作所为使情况变得复杂棘手。他们对于那些为了理解世界而进行的合作性多学科的努力的感觉是，科学家做的是所有繁重的工作，而我们其余作为非科学家的人只是旁观者，这些旁观者也不过就是搭了[科学家的]顺风车，或者更糟的是，非科学家还会妨碍他人，分散了人们对于科学被假设具备的那种客观真相的纯粹光芒（science's supposed pure light of objective truth）的注意力。

因此，本章所讨论内容是：正确理解什么是哲学以及哲学与其他学科的界线在哪里,这种理解如何能帮助我们识别并开始回答那些关于世界本质的独特的哲学问题。特别是,我们还将研究一些与之相关的问题。我们会为如下想法提供辩护:在科学计划(the scientific project)的基础中存在着哲学问题,因此,也就存在着关于世界本质的那些哲学的而非科学的问题。我们将会看到科学并不能回答所有问题,而且这——确实——也没什么不好的地方,哲学也不能回答所有问题。科学是伟大的;科学确实(really)是伟大的。我们对科学或几乎所有科学家个人并不怀有怨恨。

少数著名的科学家喜欢在闲暇时间专注于思考的问题之一是为无神论进行辩护。因此,表明科学的职权范围并不像你想象的那样包罗万象的一种方法就是,表明世界是否存在着神圣的或超自然的维度这一问题——该问题处于我们关于世界本质以及我们在世界中的地位的相关理解的中心位置——它不是一个直接的科学(甚至神学）问题，但（至少）是一个哲学问题。这是一个应该敏感于科学家和神学家对之提出意见的问题，但它依旧是一个哲学问题。我们将在后面的讨论中再次回到这个问题。（剧透：但我们不会回答这一问题。）

当理查德·道金斯（Richard Dawkins）着手撰写一本关于无神论的书或者接受一场关于无神论的采访时，如果他不是仅仅在夸夸其谈地吹牛的话，那么他就已经涉足哲学[领域中了]。道金斯花费了很多时间，却发现神学家和宗教信徒没有能力提供他所能接受的那种证据，即科学证据——他对此感到绝望。但是，正如我们建议的那样，如果这里所讨论的问题不是（或者不仅仅是）科学问题，那么，只想寻求*科学的*（scientific）证据的做法就是不可接受的（perverse）了。我们将在科学和宗教语境中检验证据的本质，并为如下说法提供论证：在确定我们关于世界本质的思索中哪些是得到辩护的、哪些是得不到辩护的这一问题中不可避免地存在着哲学的维度。让我们从科学开始。

科学在起步前会做很多假设,这些假设体现的是哲学上的承诺,而不是经过仔细地科学研究而得出的结果。以科学实验本身的承诺为例。很明显,没有实验可以展示实验是发现真相的方法。通过做实验的方式来试图证明实验的价值将是一种循环,因为你必须先相信实验的价值然后才能相信你的实验所告诉你的关于实验价值的信息!这样的做法是不会奏效的。我们证明事物的方式必须独立于我们使用该方法所证明的事物(Our way of proving things has to be independent of the things that we prove using that method)。实验可能是发现当你把铯块放入浴缸之后会发生什么情况的重要方法,但是,这根本不是一种查明实验是否揭示了真相的合适方法(an appropriate way of finding out whether experiments reveal truths)。

思想实验

幸运的是,还存在着其他的一些方法可以查明世界上的各种事物,这些方法并不要求走出去进行田野调查或者在实验室中进行实验。哲学家和科学家都采用的一种工具就是**思想实验**(the *thought experiment*)。在思想实验中,我们先描述一种情形,然后考虑假使这种情形真的出现的话,还会发生其他什么事情或其他什么情况还会变成真的;或者我们也可以考虑,[思想实验中所描述的]这种情形是否揭示出我们其实并不了解我们过去惯用来描述该情形的那些重要术语。思想实验使我们可以考虑那些精心构建的假设情景蕴涵着什么样的结论。典型说来,思想实验不会向我们展示将**这些**粒子(*these particles*)与**那些**粒子猛烈撞击在一起或者在着火时切断氧气会导致什么后果,但思想实验可以告诉我们关于我们有资格思考世界的那些方式会受到的某些种类的限制。思想实验可以用多种方式做到这一点，但是，思想实验通常是首先使我们意识到我们已经在思考的内容，进而向我们展示我们肯定犯错了，因为我们已经思考的内容其实是荒谬的（nonsensical）。

让我们从一个著名的思想实验开始，这一思想实验可以让我们开始看到哲学方法与科学方法的结合点并且[认识到二者]可以有效地合作。伽利略设想了一种情况来检验古希腊哲学家亚里士多德的如下想法：较重的物体掉落的速度比较轻的物体要快。我们可以把这一思想实验复述成如下的样子：例如，我们选取一个物体，比如说，一架施坦威三角钢琴——然后用一根绳子将该物体绑在另一个物体上，比如说，一张关于兰塞尔（Landseer）的画作《冠军》（The Champion）的海报。然后毫不犹豫地将上述两种物体所组成的整体从楼上的窗户中扔下去。如果较轻的物体坠落的速度更慢，那么由于海报延缓钢琴的下落速度，连结的绳子应该会很快绷紧。但是,钢琴、海报和绳子的总体重量比单独的钢琴要重,因此这三种事物所组成的人为产物(contrivance)的整体下降速度就应该比钢琴的单独下降速度要更快。这种矛盾,即组合物的下落速度会比钢琴本身的下落速度既更快又更慢——表明亚里士多德的假设一定是错误的。因为被广泛接受的观点是,如果你的假设导致矛盾,那么你的假设就不可能是真的,因为没有任何实际发生的情况是矛盾的。你无须离开扶手椅,也不需要坠毁任何昂贵的乐器,就可以发现上述所有的这些东西。在这里起效的东西并不是实践活动的观察性结果(the observational results)。如果我们得出两件事情是矛盾的,那么,不用做任何其他种类的实验,我们就知道二者不会同时发生。进一步讲,我们还知道,如果我们努力设想了一种情形,然后得出:如果这种情况发生的话就会导致两种彼此矛盾的结果,那么,我们就已经发现我们正在努力设想的情形实际上是不可能的(impossible)。因此，在这种情况下，亚里士多德的假设必定是错误的，因为若他的假设是正确的，那么将会导致两个彼此矛盾的事件——钢琴的跌落速度要比"海报－钢琴"所构成的组合物的跌落速度既更快也更慢。

这个例子阐明了如下的想法：存在着我们可能需要寻找的不同种类的证据。除了那种物理证据——这些物理证据可以告诉我们大家想知道的所有这些内容：爆炸是如何发生的？为什么玻璃在掉落时经常会破碎？——之外，还存在着另一种证据可以向我们展示：两种事物不可能都是真的，因为二者会彼此矛盾。（你们中间目光敏锐的人会立即说："好吧，那么我们怎么才能发现两件事情彼此矛盾就意味着至少二者之一肯定是错误的呢？"这是一个很棒的问题，但这是需要另一本书来讨论的问题。那本书也会是一本关于哲学的书，或者至少是一本关于哲学逻辑的书。无论如何，现在请回到我们眼前的这本书。）

考虑第二个例子。这次完全是一个形而上学的思想实验。有一个涉及雕塑的非常古老的谜题。让我们这样思考它。设想一下，雕刻家奥利弗为了她早上的工作去河边挖了一团黏土。她一时心血来潮，就把这团黏土命名为"团团"（Lump）。在喝完一杯咖啡并进行了一些思考之后，受到她在海边的工作室周围的野生动物的启发，奥利弗决定制作一个关于海雀（puffin）的雕像。于是她按照她的想法进行了雕刻。到下午茶时间，她完成了雕像，并把该雕像命名为"雀雀"（Puffy）。

谜题就在这里。似乎可以正确地说，奥利弗的工作台上现在只有一个物理对象：雀雀与团团完全是同一事物。想起来这也是很自然的事情。但是团团与雀雀之间似乎存在一些重要的区别，这使人们对上面的想法产生了怀疑。如果我们努力识别一个对象，我们可能会问的一件事是："它是什么时候开始存在的？"在这种情况下，我们似乎想对团团与雀雀给出不同的答案：团团存在于更早的时期,在奥利弗喝咖啡与思考的那段时间里,团团始终都存在。这表明团团与雀雀毕竟是两个不同的物理对象。

一旦物体存在,如果我们有兴趣追踪某一事物,我们可能会问的另一件事是:"要使它不再存在,需要做些什么?"看起来我们似乎再一次想对团团与雀雀给出不同的答案。假设奥利弗断定自己可以做得更好,然后将黏土又揉成一团,准备第二天雕塑海雀二号(Puffin 2)。看起来团团依旧存在,但是雀雀已经消失了,所以我们再一次有理由认为工作台上有两个对象。

正如伽利略的思想实验试图表明关于较重物体掉落得比较轻物体更快的说法中存在着某种矛盾的东西一样,上述思想实验也试图表明关于奥利弗的工作台上只有一个物体的说法会导致我们陷入矛盾:例如,这种想法会使我们认为相关对象在奥利弗喝完咖啡之前既存在又不存在。结果最终说明,我们关于物理对象的概念并不像我们设想的那样融贯或直接：[为了让相关概念变得融贯或直接，我们]还有更多的工作要做。关于上述内容，我们是无法通过进行实际的科学实验的方式来发现的：不论进行多少次称重、测量或者发现关于黏土的化学成分等内容的更多信息，都不会揭示出这个问题。

理论美德

弄清楚一种理论比另一种不诉诸实验证据的理论到底是更好还是更坏的另一种方法是，根据类似于下列主张的所谓"理论美德"（Theoretical Virtues）来衡量你的理论：例如，你的理论之间具备一致性是件好事情；或者，在保持对数据的解释力的情况下，你的理论应该尽可能地简单。[我们]以地球是平的想法为例。你必须做大量的工作才能使这一想法与可用的数据保持一致，因为爬上某个仅仅是中等高度的山丘或向海远眺就可以很强烈地向你指示出这颗行星的曲面，当然，我们现在还有从太空拍摄的地球的照片。的确，你可以在这一点上转而使用阴谋论，并针对政府为什么要欺骗你相信地球是平的做出各种晦涩的解释，但是这样做会使你的理论变得更复杂而不是更简单。坚持地球是圆的解释则要简单得多；地平论的复杂性实际上并不能让它解释更多可用的证据。

这并不是说存在着什么**科学的证据**（scientific evidence）将我们推向诸如简单性之类的理论美德。相反，这些都是哲学主张，没有这些哲学主张，实验科学就无法完成其主要工作，即收集数据并以最清晰的方式向我们解释这些数据。

我们在这里并不是想揭露任何人的短处。科学具有哲学基础这一事实不应该使任何人感受到威胁，也不应该让人觉得我们在努力宣传哲学可以做到科学能做到的一切。这种关于哲学及其主张的误解与认为哲学已死或无用的误解一样严重。关键是,存在着一种极佳的理解哲学和科学的方式,即,可以将哲学与科学视作为了尽可能全面地理解世界而共同努力的合作者。

证据与无神论

通过查看关于无神论和宗教信念的公开讨论,我们可以看到由于误解证据的本质而产生的问题。这是所有科学家目前都很难涉足的一个非常流行的领域。著名的科学家都有一些共同点,那就是对如下想法的坚定信念:对科学方法和科学理想的承诺与上帝存在的信念是不相容的(incompatible)。

确定世界中是否存在着超自然的或者神圣的要素,

对于理解世界是什么样子而言,显然是非常重要的一部分。当然,相信上帝这样一个简单的事实并不能解决所有问题:对于"我们是否应该祈祷"以及"如果应该祈祷的话,应该以什么方式祈祷""上帝的具体属性是什么""上帝是否为人类设计了计划"等问题,依旧是可以进行开放讨论的。但是,即使不回答这些更为细节的问题,上帝存在过这个明摆着的事实也会让我们对现实的底层本质的看法产生重大变化。因此,我们应该如何去努力回答这一领域中最明显的问题——上帝存在吗(does God exist)?

得知我们不会在这里断定上帝是否存在这一问题的答案,应该不会让你感到惊讶。提出这一问题的目的是例示说明对于某种证据的过度自信可能是导致你误入歧途的一种方式。

在过去的几年中,"无神论名人"中最直言不讳的声音来自科学家。他们包括著名的物理学家和生物学家,以及稍微不那么著名的化学家。对我们而言,这些科学家的共同点是,他们认为,或者他们有时的行为让他们看上去似乎认为,没有充分的证据支持关于上帝的信念。让我们来检验一下这一想法。

值得立即承认的是,在诸如人看到上帝或者与上帝交谈等方面,并不存在可信的、科学上可重复的实例。一开始就承认这一点,可能会让你担心。难道这不就确定支持无神论这件事了吗?如果我们放弃将[诸如见证上帝或者与上帝交谈]这类事件作为证据,难道我们不是几乎将胜利直接交给争论中的无神论一方了吗?

如果你像无神论名人一样,认为只有一种类型的证据才是好的,那么,上述说法只能说服你放弃(圣)灵(the [holy] ghost)。正如宗教信仰者不愿承认挫败一样,无神论者也应该不愿立即将自己加冕为胜利的一方,因为他们也应该意识到,还有其他原因让人相信一些事情,除了通过望远镜所能观察到的、通过化石可以发现的或者从适当的实验室仪器上读取到的那些事实之外,还有其他的理由支持我们关于事物的信念。我们已经看到,除了"引起爆炸"或者"玻璃摔落时会破裂"这种类型的证据之外,还有更多其他类型的证据。我们至少应该看看其他类型的证据在这一领域是否也有贡献。

这些其他类型的证据当然可以对我们当下的讨论有所贡献。这些证据如何起效呢?好吧,举例来说,这些证据可能是这样的:如果我们严肃对待科学无法回答所有我们可能感兴趣的问题这一想法,那么可以想象一种可能的理论,该理论使我们基于如下理由相信上帝的存在:该理论作为解释所有证据的最简单的系统的方式而包含了上帝。我们之前说过,尽可能经济地解释可用的数据是一种理论美德。这一事实就其本身而言,可以与关于上帝存在的主张、关于地球是平的的主张或者关于女王是蜥蜴的主张是相容的(compatible)。如果最终结果是存在着某一理论可以将上述任何这些主张视为真的并以此种方式来最为经济地解释观察结果,那么我们至少有某些理由可以相信这些主张。与我们所有的理论一样,如果整个证据体系发生了变化——例如我们进行新的观察,或者发现我们现存的一种信念是虚假的——那么,我们就应该改变主意。按照我们的观点,目前我们掌握的那些可用的数据和观察结果表明,关于世界如何存在的最简单理论并不包含任何这些主张。

但是,如果我们设计出或者偶然发现了一个包括上帝在内的关于世界本质的系统性理论,如果该理论很擅长向我们解释世界,并且该理论把上帝作为其本质部分,那么从表面上看,这就给予了我们关于上帝存在的理论证据。如果有一种解释上有用的理论既断定上帝存在又断定电子也存在,并且两者对于该理论成功地为我们解释事物来说都是必不可少的,那么,我们似乎明显应该认为电子与上帝一定是真实地存在的。

待会儿再回到上帝这一问题上来,但首先让我们进一步探讨如下的想法：如果一种理论是对我们观察到的事物，例如黄油中的脚印的最简洁解释，那么该理论所谈论的事物——例如，冰箱里的大象——就一定是真实地存在的。

证据与解释

科学提供的结果是否向我们（至少部分）揭示了世界的真实面貌？好吧，我们目前最好的科学理论包括对电子的提及，而且这些理论非常成功地解释了各种各样的事物——从最复杂的化学反应到我们按下开关时电灯就被点亮的原因。一些哲学家认为，我们理论的成功使我们有充分的理由相信世界包含电子。其他哲学家认为，也许应该更加谨慎地说，这些理论的成功向我们表明，包括谈论电子的话语在内的系统性的谈话方式更善于帮助我们预测下次打开示波器时将看到的内容。第二组哲学家主张，我们从科学实验中得到的是一种理解世界的系统化的方式，但这种方式并没有导致人们去承诺存在着一种与物理学所描述的内容相匹配的根本实在。

乍一看，这似乎是一件奇怪的事情。"科学没有发现世界真实的样子"这一说法究竟意味着什么？发现"世界真实的样子"难道不是科学的全部目的所在吗？世界不正是科学实验的主题吗？显微镜不就是使某些小得看不见的东西变得可以被看见吗？如此看来，那种认为哲学家整天只会琢磨"椅子是否真实存在"的刻板印象，似乎还是蛮准确的（It could start to seem like those stereotypes of philosophers wondering whether their chairs really exist might have been on the money after all）。[1]

---

[1] 感谢现在就职于北京大学附属中学的柳帅先生与就读于英国牛津大学哲学系的朱子建先生对此段译文提出的修改建议。

如下的情况也许是真的：多数的甚至是所有的科学家都同意第一组哲学家的观点。但这依旧并不表示这里没有需要回答的问题，相关情况只是表明大多数科学家已经选择了答案并且对相关争论不感兴趣。这也没问题：相关的争论对科学家工作的成功程度没有任何影响。这里的问题并不是通过做更多的科学就能解决的，做科学是科学家的事情。

如果你接受了这里存在着一场哲学争论的想法，你可能想知道我们如何才能解决它。与往常一样，我们需要考虑证据。

在日常生活的许多情况中，我们需要一种与科学实验提供给我们的证据大致相似的证据，并且我们也会以大致相同的方式收集证据。如果我们想知道如下路线是不是到达室内游泳馆最快的方法——直接穿过桑德赫斯特广场，然后再穿过怀特黑文公馆对面的公园——那么我们亲自去那条路线上进行计时，然后再在另一条看起来是可能的替代路线上进行计时,最后再比较这两个结果。如果我们想知道"驱虫灵"(Grub-Gone)清洁毛巾的效果是否比"新改进洗涤液"(New Improvement Washo)清洁毛巾的效果更好,那么我们就分别取一些洗液然后测试一下二者的洗涤效果。但是在某些情况下,我们"收集证据"的意义可能会大不相同。

我们已经看到,可以通过思想实验发现两种假设是彼此矛盾的,这两种假设因此不可能同时为真。对于这种其他类型的证据收集而言,一般说来并没有什么是深奥难懂或不熟悉的。思考一下对犯罪现场进行的调查。当然,调查的某些方面需要经验的甚至直接就是科学的证据。在犯罪现场从威士忌酒杯上取下来的拭子是否包含主要嫌疑人的DNA?另一方面,还存在着各种各样的问题要求调查者寻找一种系统地囊括所有经验证据的方法并且对整个犯罪场景提出解释。

试想一下，赫尔克里·波洛（Hercule Poirot）[1]对那些不那么精明的侦探们所做的手忙脚乱的体力活的鄙夷。"哎呀，黑斯廷斯，黑斯廷斯。总是为你跑来跑去啊！你必须学会使用你的那些灰色小细胞！记住我的话，我的朋友（mon ami），这个谜题的解决方案要在罪犯的心理中寻找；对于像博灵顿上校这样最具有条理习惯的人来说，为了几百英镑就突然飞到巴黎，拿起拨火棍把他妻子的侄子打得脑浆迸裂，这简直是不可能的！"

这不仅是对经验证据的陈述。将波洛与黑斯廷斯区分开来的东西是波洛意识到了，为了将案件的松散线索捆绑在一起，我们所需要的并非仅仅是同一类型中的另一条证据，而是处于更为一般性地位的证据，这一证据可以告诉我们所有的其他证据是如何匹配在一起的。

---

[1] 赫尔克里·波洛，英国侦探小说家阿加莎·克里斯蒂笔下的一位主人公。——译者注

在我们刚刚描述的、关于我们最好的科学理论是否揭示了世界真实存在的方式的争论中也发生了类似的事情。我们正在寻找的东西是，当我们选取了争论中某一方的立场后，该立场所蕴涵的后果将会与我们非常确定为真的事情相冲突。例如，科学家经常能够根据断言电子、暗物质之类东西的理论做出成功的预测。一些哲学家认为，如果诸如电子、暗物质之类东西真的不存在，那么科学家预言的成功将是完全神秘的，并且如果可能的话，最好避免这种神秘的东西。

即使最终可以找到证据来帮助我们在这样的哲学立场之间做出决定，但如果这对科学本身没有实际的影响，那又为什么重要呢？好吧，重要的是，我们应当尽可能全面地说明世界的运作方式以及世界的最一般性的样子。科学是其中的一部分，但不是唯一的部分，最终也将证明，科学也不是其中最一般性的部分。

设想一下如下的类似情形。如果你烤蛋糕，则需要选择食材原料。你可以选择糖、油、面粉等等。你知道,为了帮助你做出决定而收集的信息不会要求你以最一般性的或最抽象的方式来思考世界;你会非常专注于使蛋糕正常发酵的直接的实际问题。在你进行所有这些操作时,你也同样意识到糖的意义不仅仅在于糖是否给你带来愉快而甜蜜的口感,也不仅仅在于糖是否容易与水混合以便制作光滑的糖霜,但是,现在你并不关心这些。别人却关心那些内容,世界因他们的关切而更加丰富。你也不会想让他们不去关心,但是,你感兴趣的更直接的问题是诸如这块特定的奶油乳酪的丰富口感之类的东西。让其他人去忧心碳原子是如何与氢键结合的以及蔗糖分子中到底包含十一个还是十二个氧原子吧;你知道上述这些东西在原则上很重要,但是蛋糕也很重要,你无法一次就做完所有的事情。当我们尽力打发维多利亚海绵蛋糕(a Victoria sponge)的时候,还要过度担心分子结构,这样的做法恐怕会让我们大多数人都太分心了。

在我们处于更加科学的情绪之中时,我们才会真的去思考那些事情。我们发现它们很迷人。我们知道烘焙本身很有趣,但是现在我们只想快速吃掉这块蛋糕,这样就不至于因为过度饥饿而无法继续从我们制造的强子对撞机上读取数据了。

当然,烘焙作为一个方面,物理和化学作为另一个方面,并没有穷尽我们可能对世界感兴趣的全部方式。正如科学家可能会在看着烘焙东西的同时,认为它没有以一种足以让她喜爱的充分一般性的(sufficiently general)方式来审视世界一样,同样的事情也可以在另一个方向上发生。当一位售卖蛋糕的店主进入其商业角色时,她可能不会很在意烘焙的复杂性,对氢的原子量的关注就更少了。她知道这些是值得感兴趣的良好的且有价值的东西,但是与手边的问题无关,而且还有其他一些人更有资格来关心这类事情。

因此，没有任何跳跃，也不需要拒绝承认科学的实用性，更不需要主张哲学家比科学家更懂得如何处理独特的科学问题，我们可能会看着科学并且认为，尽管科学在其自身的表述中是迷人且有价值的，尽管科学因其有助于增进我们对世界的全面了解而有用，但是科学依旧没有按照**我们**喜好（*our* liking）的那种充分普遍的方式来检视世界。科学家们，不必担心：烘焙也没有做到，但烘焙比科学或哲学都更重要！话说回来，即使我们知道发酵粉会使得蛋糕发酵，但是，无论我们多么频繁地制作出美味、清淡、蓬松的蛋糕，这也并不能告诉我们，那种一件事致使另一件事发生的一般关系是什么。进而，从另一个方向来看，即使我们能够回答起因与结果之间的关系是否只是一种事物紧跟着另一种事物出现的规律性模式这一问题，该答案对于我们努力建造一座发电站而言也根本毫无助益：我们只想知道如何获取某种燃料以便产生足够的力量来驱动涡轮机，进而产生电力。

店主与面包师并不处于竞争之中。面包师们也不会设想科学家们试图告诉他们其实科学家不知道如何制作焦糖。所有的那些想法都是荒谬的：往好里说，那是关于误解的证据（evidence of misunderstanding）；往坏里说，就是被害妄想症。科学家不必认为哲学家正在强行挤入，也不必认为我们在宣称比他们还知道如何更好地做科学。相较于物理学来说，形而上学不过是针对世界的更为一般性的和更为抽象性的本质提出了问题。两种类型的问题都很有趣，也都是合法的问题，也都具有价值；两种类型的问题都对我们努力尽可能全面地理解世界这一更大的计划做出了贡献。为了这个更大的计划取得成功，我们既需要科学家，也需要哲学家。而且我们当然也需要蛋糕，还需要饼干。

只有我们做出某些哲学假设的时候，我们才能从事其他模式的研究。如果我们假设这世界是一个根本上由对象——粗略说来，大量的物质**材料**（material stuff）——所构成的世界，那么就可以开始按照科学最擅长的那种类型去做经验研究。如果我们不是从这个假设出发，转而假设世界存在着物理的和非物理的两个方面，或者我们不事先做出任何类似假设，那么，相关研究对我们就是开放的，例如我们可以设计那种包括上帝在内的关于世界本质的理论。

再举一个例子：有些人认为我们需要宗教作为道德的基础，因为科学本身无法回答关于价值的问题。甚至那些认为科学在解释演化和拒斥神创论方面完全击败宗教的人，也会不带任何不一致地持有上述这种观点。

我们不认同道德要求宗教作为基础这种观点，但也不认为所有此类观点都可以被事先拒斥。此类理论必须与不包括上帝的其他理论进行公开竞争，否则我们就犯了乞题（begging the question）的错误，即假设了我们本应该去尽力证明的那部分内容。将宗教世界观的一个版本与另一个版本进行对比测试,与将一般性的宗教世界观与一般性的非宗教世界观进行对比测试,是不同的问题。应该在没有任何——可以预知我们将会获得的答案的——假设的情况下开始研究,否则思考调查结果的方式将受到这些假设的玷污,并且我们的对比也就不太可能是公平的。我们的偏见将在确定我们获得哪些结果方面发挥作用,而这将使相关结果在说服其他人相信我们得到正确答案方面变得毫无用处。

还应该牢记,无论无神论辩论的结果是什么样的——上帝还是无神,宗教还是无神论——决定相较于其他理论最终应该首选哪种理论都是需要哲学投入的问题。哪种理论更简洁?所有相互竞争的理论在其内部是不是一致的?所有相互竞争的理论是否与我们不愿放弃或不愿修改的其他信念是一致的?这些都是不可避免的哲学问题。

所有的宗教信徒都不太可能会对如下的结果感到满意：最好的理论是一个包含谈论上帝的话语的理论，但又说这并不意味着上帝**真的**存在，因为我们的理论只能希望成为系统地组织和思考我们经验的有用的方法，而不是指向任何潜在现实。但如果证据按其最广义的含义就是指向上述这些内容，那么我们就应该相信这些事情。

"我们应该从所有这些讨论中带走哪些信息呢？那肯定不能只是关于蛋糕的东西，不是吗？人生中**最多**（at most）只有40%是关于蛋糕的。"好吧，你还忘了饼干呢，不过，你基本上是对的。对我们而言，最重要的事情是要注意到，如果我们的目标是理解世界，以适合细节与抽象的每一个层级的各种方式来理解世界的各个方面，那么，我们就像需要科学那样地需要哲学。而且，为了以特定细致的方式来理解我们的文化和政治生活的所有

第三章 理解世界 115

其他领域,我们还需要历史、经济学、神学等等。这些学科不会或者不应该造成分散注意力的冲突;它们应该处于富有成效的合作之中。这至少就是为什么哲学对理解世界至关重要的部分原因。

第四章

理解如何行动

＊＊＊

　　除非你是在某些被误导的社会实验中完全孤立地被抚养长大，否则你的生活的指导因素之一会是并且将继续是你与他人的互动。每当你与家庭成员一起用餐的时候，每当你打电话给朋友的时候，每当你付钱给店主进行购物的时候，每当你向路人询问方向的时候，每当你去找医生让他帮你诊治皮疹的时候，每当你与你的碾核乐队（grindcore band）在阿波罗歌剧院一起演奏的时候，或者你穿得像蜜蜂一样在第五大道上免费发放冰激凌的时候，你正在与人们进行互动。也许不那么明显的是，在推文中标记圈点某人，或者在书中抱怨某人，也同样构成了与他们的互动。

　　这些互动可以通过许多明显的方式，也可以通过许多微妙的方式受到监管。有时，这种监管是严格字面意义的。我们可能因为将某人推入树篱并偷走他的帽子而被逮捕。有时，监管会更加内在化，而且依赖于我们对社会和道德规范的知识，这些社会和道德规范旨在管理端正规矩的公民的行为。我们都知道存在着一些指导原则来限制你在街上向某人大喊大叫这类事情；然而，并不存在关于不被许可的喊叫的穷尽式列表，但是我们对于相关不可跨越的界限的位置却有一种很好的了解，尽管我们可能不会将相关界限都划在同一位置。而且，我们似乎很早就开始发展出一种道德感了，尽管最初阶段的这种道德感当然通常聚焦于琐碎的事情，并且可能是自我中心式的。当还是小孩子的时候，我们可能会以如下形式热切地关心是与非的问题：憎恶糖果分配不公（没错：没有人愿意得到比他们公平应得的那份数量更少的糖果）；或者，由于你现在已九岁了，你也提出要获得像你哥哥被允许的那样晚睡的权利。

道德与法律

两种类型的监管之间的界限是彼此渗透的：确实存在着一些事情可能让你在街上向某人大喊大叫时被真正的警察所逮捕。我们不会通过告诉你这些事情包括哪些内容的做法来将相关想法植入你的头脑中。如果你不确定相关界限的位置，那么就请尽量保持在界限的这一侧 [而不要去跨越界限]。在这个特定的例子中，你的经验法则（rule of thumb）应该是："不要在街上对任何人大喊大叫，除非这是警告他们有轨电车即将开来的必要手段。"另一方面，有时法律允许在某一给定的案件中出现各种可能的判决，而且法庭不得不热情投入伦理的考量中，以便决定哪些可用的处罚才是应当给出的正确裁定。通过此种方式，哲学对于我们公共生活的另一个方面而言也是至关重要的。

伦理学是哲学的一个分支，简而言之，伦理学就是处理是与非的学科。自哲学产生以来,在遍布整个世界的各种传统中,伦理学一直居于哲学学科的中心位置。与迄今为止我们讨论过的哲学的其他分支一样,许多伦理反思的主题也是人们非常熟悉的。我们所有人都曾面对具有伦理维度的决定:这些决定涉及我们的个人行为、我们的政治偏好、医疗保健等等。

我们在本章开端部分讨论的互动是那种每个人都在非常普通的日常生活中例行参与的互动,但是也存在着其他类型的互动,例如,由于你的专业义务而迫使你进行的互动。只需想一想我们已经看到的一些案例,然后从另一端来思考这些案例:关于允许医生如何治疗患者以及警务人员必须如何尊重被拘留的人,存在着认真制定出来的书面规则。当然,在这些更正式地被管控的案例中,也像我们更平凡的案例中一样,存在着许多未成文但被广泛接受的道德准则(moral codes)。这些道德准则和法律也可能通过某种关于专业的最佳实践的相关章程的形式得以结合起来。在理想的世界中，这些准则、法律和章程是通过一些在哲学上有根据的反思——甚至可能是在专业哲学家——的帮助下制定出来的。

在更广泛的范围内，存在着一些规则支配着整个社会或者作为该社会的体现或代表的政府被允许对待其公民和其他国家公民的方式，无论这些公民是在国内还是在世界上的其他地方。在国际舞台上，我们有相关规则来判定何时进行战争才是合法的，因为我们知道战争会导致许多人死亡。在更接近我们家庭的方面，例如，政府有义务保证每个孩子都能获得免费的义务教育。

我们可以用一种一般性的方式谈论"规则"（rules），但是这些规则当然包括正式的法律与道德规范或准则。要了解道德要求和法律要求之间的区别，请你思考一下在超市中出售枪支的情形。毫无疑问，在撰写本书的时候，在一些司法管辖区之内出售枪支是合法的。但是，出售枪支是不是道德的则是一个严肃的问题。[再比如说，]

等你的朋友离开房间之后就吃掉她所有的饼干也是不道德的事情——这的确是一个很卑劣的恶作剧——但是，我们冒昧地猜测，没人会认为这是应该起诉到法庭的事。

事情也可以是不合法的，却不是不道德的。例如，设想一部反对同性恋的法律——这种事情发生于英国和美国的（令人不快的晚近的）历史中，但在世界上其他司法管辖区之内类似的法律依旧是有效的——根据这些法律，某些事情就是不合法的，虽然在道德上并不存在令人信服的理由来反对这些事情。

关于那些支配着性与教育的规则的例子，可能还会让你立即想到另外两种情况。第一，这些规则是随时间变化而发生变化的；第二，这些规则并非为世界上所有人都同意。例如，在最低的法定离校年龄方面这些规则存在着分歧。有些人认为，关于某件事情是对还是错的证据，部分取决于你对自己所处的时间与立场的定位以及你周边人的想法。这个想法的最强形式被称为"道德相对主义"(moral relativism)。该立场的基本思想是，道德决定和判断仅仅是相对于特定的局部现行规则而言才是真的。该观点的诱人之处在于，这正是许多道德决定**似乎**（*seem*）如何被做出的方式。自然地，当我们要确定某件事情是好是坏时，我们会从某个普遍的观念出发——而这些普遍的观念是我们自己的社会所拥有的东西，是伴随我们成长并成为我们熟悉的东西，这些东西造就了事物的好或坏。

但重要的是要提醒自己，我们的许多道德决定都是快速做出的，这些道德决定的做出基于我们所获得的关于何种一般类型的事物是对是错的智慧——甚至我们被告知某些非常具体的行动实例是对还是错——但我们所接受的这些智慧本身可能并不是道德上可捍卫的。你也许马上就想到了那些曾经受到法律许可并得到多数人认可的、却在道德上得不到捍卫的行动的案例。许多最坏的情形涉及对少数群体的系统性镇压或迫害——或者，在压迫妇女的情形里，多数群体被系统剥夺了可以使得优势数量的力量起效的社会和政治权力——无论有多少人不同意你的意见，这些最坏的事情都不是你应该接受的东西。当然，这并不等于说，在每个人都不同意你的情况下挺身抗争是一件轻而易举的事情。那将贬低那些使我们达到今天尚不完美的地位而付出的不可思议的奋斗与努力。挑战那些不正义、那些不道德的法律和不公正的社会规范，是有价值的——不仅有价值，而且是必不可少的——但要做到这些却很艰难。

考虑一下你认为最重要的或者最热衷的政治议题。你就该议题达成自己的看法的方式可能不是通过人口调查来确定有多少人持有与你一样的观点。相反，你想知道的是，自己的观点是否以良好论证的方式获得了正当的支持。哲学思考的主要好处之一便是，它使我们能够找到或者至少能够寻找关于我们行动的正当辩护，即一种诉诸批判性思考和理性反思的辩护，而不是诉诸有感染力的修辞或者多数投票法。不仅如此：哲学思考还**迫使**(force) 我们尽力给出这种辩护。任何不如这种类型的辩护所构成的良好理由的东西都不能奏效。因此，在道德相对论的情形中，我们需要能够确定那些占优势的道德观点是不是可辩护的，并且，我们不能通过如下的方式来解决这一问题：在这里大多数人都认同某一观点，因此，这种观点肯定是对的。

道德与宗教

如果抛弃道德相对主义的想法，那么又拿什么来取代道德相对主义所占的位置呢？一种历史上流行的选项是让所有道德准则从属于一个受宗教启示的准则。这立即为你提供了你想要的普遍性，但任何给定的关于伦理学的宗教准则还伴随着对于一些关于上帝的本质和绝对权威的形而上学主张的承诺,而许多人是明确拒斥相关承诺的。而且,在诉诸上帝的圣言来找出什么是好、什么是坏的这种观念里还存在着一个著名的问题。该问题是基于古希腊哲学家柏拉图在名为《游叙弗伦篇》(*Euthyphro*,发音类似"youth-i-fro",而其中的"i"发短音,就像在"it"一词中的发音那样)的对话中探讨的想法。柏拉图的关注点是虔敬(piety),他谈论的是**诸神**(the *gods*)而不是上帝(God),但是,我们可以在不丧失相关本质观点的前提下改写相关案例。

所谓的"游叙弗伦两难困境"(Euthyphro dilemma)是这样的:是否上帝认可好的行动,是因为这些行动本身是好呢?或者,是否因为这些行动是被上帝认可的所以才成为好的呢?一种两难困境就是如下这种存在着两个可能结论的情况:你不得不选择其中一个结论,而不能同时选取两个结论,但是任何一个结论其实都不是可取的。两个选项中的任意一个都被称为该两难困境的"角"

(horn)，这种情形会迫使你接受一个角或者另一个角。让我们从游叙弗伦两难困境的第一个角开始，即如下的主张——上帝认可好的行为，是因为这些行为是好的。如果这一主张是正确的，那么就必须存在着一个独立的关于"好"的标准用来衡量行动，即使是上帝也必须以此作为衡量行动的标准——因此，好与坏的标准就不再是上帝了，而是即使上帝也必须寻找答案的东西。

第二个角又如何呢？第二个角就是这样的主张——某行动是好的，是因为上帝认可了它。如果**这一**说法（*that* claim）是正确的，那么就可以说，如果上帝决定放火焚烧长颈鹿取乐是道德的高点（the high point of morality），那么，对于长颈鹿的消遣式焚烧就会处于道德的高点。但是，这种将道德作为上帝一时兴起就可以随意处置的东西的说法肯定是荒谬的，而且这种方式也**就**是（*would* be）一时兴起而已，因为按照两难困境的这个角而言，上帝不受任何独立的道德标准的约束。当然，你可以通过多种方式来回应柏拉图，但如果你不同意他的话，那么，说出他的论证失败的原因将是你的责任。但至少值得弄明白的是，我们是否可以为道德找到一种不依赖于上帝的基础。

正如你可能预期的那样，在寻找非宗教的道德基础时，存在着很多可供思考的选择。在这里，我们的目的不是得出结论来指明哪种道德理论才是正确的。无论是否作为与哲学有着更广泛的系统互动的一部分，[关于哪种道德理论才是正确的这一问题]都是值得你亲自思考的事情。我们渴望做的是使你对如下操作的重要性留下深刻的印象：你需要花时间评估你现存的意见，并采取措施来确保你有良好的理由来相信自己所相信的事情。哲学家在判断行为的道德性质时，处于核心地位的事情包括人权（human rights）、福祉（wellbeing）、动机（motive）、平等（equality）、品格（character）与幸福（happiness）。上述对象中的每一个都为我们的道德判断在不诉诸神圣立法者的情况下，提供了潜在的基础。

在多种多样的情况下，各种不同的手段都提供了相同的结论。尊重人权往往也使普通民众享有最大的福祉。这种共通的意见一致性（common agreement）是你可能会预期到的东西，因为存在着很多我们一直都认为是错误的、是可允许的或者是道德上必需的事情。在我们每个人学习任何哲学之前，形形色色的人们之间可能已经达成了相当广泛的共识，例如，偷别人的结婚戒指是错误的。无论我们最终采用什么样正式的道德准则，即使只是暂时采用这些道德准则并且接受我们可能需要对其进行修正与改进，我们还是希望这些准则会将如下内容作为其结论：偷某人结婚戒指或者放火焚烧长颈鹿取乐的做法都是错误的。如果不同的道德理论能够正确地履行职责，那么这些道德理论将倾向于在那些无可争议的案例上达成共识。

做出道德决定

我们的道德生活是很纷乱的。似乎通常并不存在关于行动的明显的最佳方针,我们只能在几个令人不快的选项之间进行抉择。在这种情况下,可以诉诸在解释我们行动的是与非方面具有良好纪录的理论来帮助我们理解这些纷乱情形的是与非。那些已经达成广泛共识的案例在一定程度上可以作为校准我们道德理论的一种方法:如果某一道德理论得出的结论是可以入室盗窃的话,那么可能该理论就需要进行调整。当然,这并不是说你应该毫不犹豫地让自己承诺你认为某一特定理论会做出的任何判断。正确的想法始终是去思考你应用你的理论所得到的结果,而不是将相关理论变成教条。反思,反思,再反思。

让我们来看一个熟悉的例子。假设你认为为了获取肉类或者诸如奶、蛋或胶质等其他食品,或者是诸如皮革等其他产品而饲养动物从而对动物造成痛苦是得不到捍卫的，出于上述原因你决定成为一名素食主义者。因为某事物会造成痛苦因而应当被避免或阻止的想法是一种哲学的想法。这种想法最著名的版本是功利主义（utilitarianism），该立场主张，道德上正当的行动就是总体而言引发关于快乐与痛苦的最佳比例的行为：我们应该以最有可能产生最大快乐、最小痛苦的方式来采取行动。

在实践中，要进行准确的预测是非常困难的，但至少在那些相当正常的情况下，进行粗略的预测还是相对容易的。我们可能无法确切知道停止以饲养牲畜为食的做法会给动物带来多少快乐，我们可能也无法确切知道这样的做法将避免多少动物的痛苦，但是可以根据一些经验研究和已经被普遍接受的思想做出基于一定知识的推测。也就是说，困难之处其实在于诸如对相关物种的痛苦和快乐的经验的知识不足，我们也不知道如果不是为了商业开发而人为地保留高数量的话，相关物种后代的数量将会有多少。这些问题对功利主义者而言是十分重要的，因为快乐的总量将取决于快乐或痛苦的性质与强度，以及按照相关强度或方式感受到快乐或痛苦的事物的数量。

当然，你不必非要采取上述哲学立场才能拥有动机成为素食主义者。其他的道德理论同样可以适用！再多举一例：你可能会出于以下动机而避免使用动物产品：使用动物产品可能成为你自己的品格具有令人遗憾的方面的证据，也许这会表明你是傲慢自大的、剥削压榨的或者歧视性的，并且，在可能的情况下，你会希望纠正这些品格缺陷。遵循这种思路的人将成为**美德伦理学**（virtue ethics）的倡导者，粗略地说，该理论主张，我们的目标是弄清楚如何成为我们可能成为的最好的那类人，发展我们可能具有的最好的品格，去成为德性的人而非邪恶的人，其目的在于使我们可以在个体意义和集体意义上都过上我们可能会过的最美好的生活。

不能说所有这些一般道德理论都可以保证你在广泛的个人或社会问题——例如,食用动物产品——上达成任何特定结论。美德伦理学中并没有某种内在固有要素可以使你自动成为素食主义者。这种情况也同样适用于那些奠基于关于——你的职责是什么,你拥有什么权利和责任,整个世界上存在着多少幸福——之类的判断的道德理论。在每一种情况下,我们都需要进行更多的理论工作,而且往往还需要经验数据,才能针对清晰阐明的具体道德问题得出确切的结论。

我们在当代语境中可能会做出的一些关于什么是对的、什么是错的判断,在其他情况下,则的确可能不是对的或者是错的。例如,假设那种保证那些腿部失去功能的人可以使用轮椅的做法是正确的。这显然是需要为之努力奋斗的道德上正确的事情。但是,在某些轮椅无法派上用场的情形中——例如，在只有崎岖不平的小路而非表面平坦的道路和人行道的地方——提供轮椅的义务将会消失。这个案例说明了，那种使得向某人提供轮椅的行动成为道德上正确行为的东西并不是轮椅所内固有的。相反，这里涉及的是关于每个人享有某种程度的自由与自主的重要权利，以及我们所有人所肩负的彼此提供这一权利的义务。真正促使我们目前有义务向需要轮椅的人提供轮椅的是一项更为普遍的义务，即为每个人提供在他们喜欢的地方进行活动的途径，使得他们可以进入公共建筑、公共空间等地方。特殊的义务是由这种更深层次的义务与局部特定条件的相互作用而产生的：如果这些局部条件包括使得轮椅无用武之地的崎岖不平的小路，为了履行更深层次的义务，我们将承担其他的特殊义务。

或者思考另一个例子，这是我们的一位老朋友曾经用以例示基于对平等的渴望来决定行动方针的困难。假设你已被正式委托来提供公共厕所，并被要求考虑男女平等的需要。在你开始制定计划之前，这似乎很容易。你是否以费用平等为目标，因小便池比厕所小隔间在价格上更便宜就为男性提供比女性更多的设施？你是否旨在追求排队等候的时间的平等？你是否旨在追求在任何给定时刻卫生设施的能力上的平等？这其中的每一项内容都将需要你对资源进行不同的分配，并且需要建造的公共厕所结构亦不同。这个简单的例子清楚地例示了理论的思考与现实世界的实践之间的相互作用。我们不能将所有的思考与存在着难题的现实世界完全隔离开来，否则会忽视其他学科与经验证据在指导我们做出决策过程中的贡献。而另一方面，我们无法脱离理性的思考来完成所有的决策，否则就有可能会抓住第一个想到的解决方案，而忽视了那些只有经过认真考虑才会出现的复杂微妙之处。如果你从阅读本书中只获得了一条启示，那么，选取如下的内容作为这唯一的启示对你来说将不是什么灾难：事情总是比它看起来的样子更复杂。

你可能会担心，这些例子使我们只能接受我们先前拒斥的道德相对主义。在轮椅的案例中，我们说过，为人们提供轮椅的做法是不是正确的会因语境的不同而发生变化。但之所以这样说，是因为存在着关于场所可通达性之平等的一般性原则，该一般性原则适用于**所有**(*all*)语境。毕竟，这并不是说在道路表面过于粗糙而使得轮椅无法使用的情况下，不再有任何可以承担的义务；而是必须找到确保关于场所可通达性之平等的**其他**(*other*)方案。相比之下，道德相对主义者则声称，这种一般性原则本身——关于场所可通达性之平等的权利——只存在于某些社会或文化之中，却不存在于其他社会或文化中。

道德哲学的价值

道德哲学不会给我们现成的答案,但是如果没有道德哲学,我们将在如何行为方面陷入更糟糕的处境。在这里和其他地方一样,哲学是我们用来帮助自己清晰地思考难题的一种工具。以这种谨慎的方式思考最重要的道德问题有助于确保我们对于正确的事情存在争议。伦理讨论会变得热烈,因为其中涉及我们感受最为强烈的问题。想象一下,你对如下内容感兴趣的程度相同:一方面是对公务员之间关于是否应将新表格称为"807 / E"还是"807 / D(2)"的晦涩辩论的结果;另一方面则是对于人们是否应当被给予出行协助费用(mobility assistance payment)——相关表格就是用来申请这一费用资助的——的辩论的结果。如果我们不以相当谨慎小心的方式提醒自己这将是徒劳无果的,那么便很容易对那些在政治平等或军事干预等非常重要的事情上与你存在分歧的人感到生气。

99　　我们从自己的经验中都知道，实际上对这种事情感到生气不会改变任何人的想法。它甚至可能产生相反的效果，导致人们固执己见，拒绝倾听你的论证。当然，也许不管你如何做，他们依旧固执己见、拒绝倾听，但是，通过激怒他们来让他们产生类似的做法，注定不会有任何收获。更好的做法是，你至少首先假设，与你意见不同的人不是头脑简单的笨蛋或行为粗暴之人，而且如果你不厌辛劳地将相关论证表述清楚并呈现给他们的话，这些与你意见分歧的人是有能力理解合理的论证的。这种方法也会迫使那些意见与你相左的人确切地解释为什么他们持有不同的看法。例如，你可以向他们解释为什么他们提出的社会政策会减少那些最需要帮助的人获得帮助的机会，以及他们的主张会如何导致许多人的痛苦与苦难，而这些在你看来都是坏事，因为你承诺的是机会均等，但经济上的不利是剥夺公民权的最大动因。这样一来，与你观点分歧的那些人就会被迫向你提供论证，来证明为何不会产生那些结果或者为什么那些结果不像你认为的那样是有问题的。然后，你将知道集中精力说服他们的要点究竟在哪里——是说服他们认识到那些结果终究会出现，还是说服他们认识到经济不平等实际上是有害的，或者如果他们已经理解了所有的这些内容，那么你可能会说服他们应当关注的是避免坏事的发生，即使这些坏事不是直接发生在他们这些人身上。

　　毫无疑问，这种交流可能令人非常愤怒，但是如果我们在愤怒时进行交流，那么交流肯定是徒劳的。我们并不是说哲学具有使你不那么气愤的神奇方法；在许多情况下，哲学可以帮助你看到问题的本质和规模或者处理该问题的可能的困难，从而使你更加愤怒。哲学可以做的最好的事情就是让我们思考在那些复杂形势中发挥作用的一般性原则。我们也许可以发现某个特定的分歧，是由于对到底是哪个道德义务实际上被忽略而感到的困惑，或者是意见的某一方无法解决其立场根源上的矛盾。正如我们所说的那样，哲学是一种工具——或者说，是一组理论工具集——可以帮助你以富有成果的方式参与实际的道德问题，其目的是，如果有好运的话，我们可能会更接近于能够解决这些问题的方案。

理解如何对待彼此，我们的义务是什么，我们被允许去做什么或者被禁止做什么——简而言之，如何行为——是我们社会生活的根本，而这些问题至少部分是独特的哲学问题。

结　论

现在，你（几乎）已经读到了本书的最后部分，我们非常希望，你应该可以更严肃地思考哲学为何重要。但是，在回到这个重要的问题之前，我们想简单谈论一下我们尚未涵盖的哲学领域。我们已经讨论过的问题涉及：我们是谁，我们的行动是否自由，证据的本质及其正当的使用，哲学与科学及宗教之间的差异，我们应该如何行为，等等。但是，除了这些特定的问题之外，哲学还包括很多其他的内容。

以艺术为例。你可能会发现自己在画廊里看着某一当代艺术作品——比如说，一堆轮胎，或者一些精心

(或者不精心)布置的生锈金属——然后问自己那个老掉牙的问题:"是啊,但这是艺术吗?"你可能会紧接着说:"……如果这是艺术的话,为什么这是艺术呢?"在现代艺术问世之前,哲学家倾向于认为艺术完全是关于美(beauty)的——但是(可论证地)一堆轮胎并不美。仅仅凭借在画廊中展示了一堆轮胎的这一事实就足以使其成为艺术吗?那些制作艺术品(或者安排相关组分)的人必定意图将这些东西算作艺术品吗?当然,这些都是哲学问题——不能通过实验或民意调查的方式得以回答——它们只能通过思考来回答:(例如)通过仔细考虑什么才算作艺术和什么不算艺术,然后尝试找出是什么将那些算作艺术的东西与不算艺术的东西区分开来。这可能涉及构建思想实验。(如果我拿起一堆轮胎并以同样的方式小心地将这些轮胎堆放在垃圾堆,那么,它们是否还构成艺术品,或者它们就只是一堆轮胎?如果这堆轮胎以某种巧合的方式偶然进入了画廊,而画廊的工作人员误以为它们是新的展品而将这堆轮胎留在了那里，那么，又会怎么样呢？）

或者以政治（politics）为例。为什么——如果确定如此——民主比独裁更好？毕竟，原则上讲，相较于一个在包含了大量刻薄而自私的成员的社会里被民主选举出的政府——这个政府根本不关心公平、平等、繁荣之类的事情——一个仁慈的独裁者可能最终更善于建构一个更公平、更平等、更繁荣的社会。代议制民主制度——政府的政策基于（假定是）代表其选民利益的议会议员的投票——相比于直接民主制度——直接由人民对政策进行投票而不是通过选举其他人为他们决定那些事情——到底哪个更好，哪个更糟？那种在英国实施的、通过得票最多者当选（first-past-the-post）的选举制度来推选议员的体制，相较于各种形式的比例代表制——在该制度中，作为某一政党成员的议员比例与人们投票支持该党的比例相匹配——而言，哪种制度更公平，或者哪种制度不那么公平？政府是否应该仅仅旨在追求本国公民的利益，还是应该同样旨在为了其他地方的人们，为了使世界变成更美好的地方而做出贡献——例如通过提供援助——甚至不惜牺牲本国公民的利益？

或者再以死亡为例。鉴于死亡还没有发生在你身上，因而死亡并未伤害你；而一旦你死亡，你就不再处于被死亡伤害的位置上了；那么，对于死亡的恐惧还是理性的（rational）吗？或者——来到生命的另一端——胎儿在受孕后的什么时候获得了那种可以胜过孕妇对于自己身体发生什么的选择权的生命权的呢？

再来思考一下残疾：残疾是否构成了残疾人的内在固有的伤害或缺陷，还是说残疾其实是由我们所生活的社会建构出来的？（想象一下一个为巨人打造的建筑环境，我们每个人都无法使用那里的楼梯。那么，在这样的环境中我们所有人难道不都是残疾的吗？你也可以设计你自己的另一种思想实验。）

我们可以——洋洋洒洒地——继续罗列相关问题。在人类生活的方方面面或者研究的领域都会引发有意思的哲学问题。关于道德、宗教和政治，关于种族和性别，关于物理、化学和生物学，关于我们用来描述世界或发泄我们的感情或试图说服某人让我们吃到最后一块蛋糕的语言，关于……嗯，真的是关于任何事情，都有一些哲学问题要问。

而且我们甚至都没有谈论过其他的哲学传统。我们所从事的哲学类型，也是我们最强烈认同的传统，就是所谓的"分析"哲学（"analytic" philosophy），以其20世纪创始人所从事的那种逻辑分析以及随后的语言分析而得名。然而，与这种历史回声所暗示的领域相比，"分析哲学"现在作为一个用来称呼更加多样化的领域的名称则日益显示出不恰当性与局限性，而且"分析哲学"并没有真正成为大众意识中的名称，因此使用这一称呼是没什么帮助的，但是如果你在其他任何地方看到过"分析哲学"这个说法，它所指的基本上就是本书所做的这些事情。

这种类型的哲学可以合理地与法国和欧洲大陆其他地方更盛行的传统区分开来，后者有时被称为"大陆哲学"（continental philosophy）。大陆哲学传统与我们所从事的哲学有着众多共同的学科先辈——实际上这两种类型的哲学也共享着许多主题——但大陆哲学却受到了文学理论、精神分析和激进政治的更多影响。然后还有印度哲学、中国哲学、非洲哲学、伊斯兰哲学、非裔美国人哲学、西班牙哲学……这个名单还可以很长。你不能因为这些名称而望文生义地判断其内容：例如，正像大陆哲学不是关于瑞典人、波兰人和比利时人的那样，印度哲学也不是关于印度人的。相比之下，非裔美国人哲学至少在很大程度上**是**（*is*）关于非裔美国人所生活的历史、政治和文化语境的哲学论题。在这些哲学领域之间和之内，各种主题、方法以及进入哲学问题的更一般性的策略等，既存在着各种有意思的共性，又存在着差异。

我们希望已经说服你相信哲学无处不在，现在让我们回到最初的目的：说服你相信哲学很重要。我们在"导言"中说过，哲学之所以重要，是因为哲学寻求并且促进理解和理清思想；是因为哲学在实践上很有助益，具有内在固有的趣味，并且在文化与历史上具有重要意义。让我们从第一条开始依次来检视这些主张。

我们希望在本书中完成的一件事，准确说来，就是增进你对一系列哲学论题的理解并帮助你清楚地思考这些论题。例如，你可能开始怀疑所有那些神经科学家关于并不存在自由意志这类东西的说法是否正确，但是却对如何研究这个问题一无所知。现在我们希望，你至少对如何朝该方向行进有了一些了解。（当然，在该主题上还有很多要说的内容！）而且，在做出相关行动的时候，你将不可避免地被要求进行清晰而仔细的思考。确切地说，你将需要问自己，那些支持使我们从神经科学的数

结论

据中得出自由意志不存在这一主张的相关论证应该是什么,而且你将需要问自己,这是不是一个很好的论证:论证的假设是真的吗?结论是否被这些假设所蕴涵?为了回答这些问题,你将需要考虑所涉及的各种概念:控制你的行为究竟意味着什么?即使你无法做出其他的行为,你对自己所做的事情还是可以控制的吗?你起初无法做出其他的行为究竟意味着什么?准确地说,随着你不断地推进,你将更好地理解相关论题并且更加清晰地思考它们。即使——正如通常发生的那样——你最终仍不确定对于起初的问题的答案是什么,你对于相关论题依旧可以拥有更好的理解与更清晰的思考。理解绝不仅仅是知道关于给定问题的答案。你也许知道——根据数学家在此类问题上非常可靠的证言——每个偶数都是两个质数之和,但却不理解为什么会是这样。从另一个方向来想,某位数学家可能会花费整个职业生涯来证明一个以前没人设法证明过的猜想,但是却失败了。数学家虽然未能成功回答他们希望回答的问题，但是与开始时相比，他们对数学却有了更多的理解。做哲学常常——也许几乎总是——有些类似于此。

下一条主张，即我们宣称哲学具有重要的文化与历史意义。我们仅提出两点来证明该主张的合理性。第一点涉及科学。哲学和科学之间的区分在总体上是相对较新的。回到 17 世纪，当艾萨克·牛顿（Isaac Newton）在被苹果砸中头后忙于发明万有引力概念时，他认为自己像其前辈一样从事的是"自然哲学"（natural philosophy）——粗略地说，自然哲学就是那种适用于自然世界，而非宗教、道德之类东西的哲学。牛顿的伟大著作《自然哲学的数学原理》（*Philosophiae Naturalis Principia Mathematica* [*Mathematical Principles of Natural Philosophy*], 1687）旨在与勒内·笛卡尔（René Descartes）的《哲学原理》（*Principia Philosophiae* [*Principles of Philosophy*], 1644）进行对话。今天，我们认为笛卡尔是哲学家，而牛顿是科学家，但当时还没有发明出能够提供辩护或者裁定不同科学理论的经验证据的大多数实验技术；至少在我们现在认为是科学的许多领域中，实在的经验证据其实颇为稀少。因此，"自然哲学家"所进行的工作在很大程度上就像今天的哲学家一样：思考事物并提出理论；甚至他们的实验工作经常都是基于我们今天认为明显不科学的假设。（牛顿既是炼金术师，也是我们现在认为的物理学家。）

继续向更为古老的过去进行追溯，我们也发现了类似的模式。许多古希腊哲学家不仅是哲学家，而且还是医师、解剖学家、药理学家和宇宙学家。在公元2世纪，帕加马的盖伦（Galen of Pergamon）甚至撰写了一篇题为《最佳医师也是哲学家》（*That the Best Physician is Also a Philosopher*）的研究论文。在中世纪伊斯兰世界这样极其丰富的知识环境中，伟大的知识分子往往都是以上所有领域的学者与宗教学家。具有讽刺意味的是，在当今的大学中,"跨学科的"(interdisciplinary)研究通常被认为是一种相当新奇的发明,而事实上,明确自治的"学科"(disciplines)概念本身才是相对较新的。而且——就我们的目的而言,十分重要的是——早在人类以系统的方式思考周围世界之时,哲学就一直处于十分核心的位置。

我们的观点是——坦白而言——从历史上讲,如果没有哲学的话,就完全可能没有科学。恰恰是哲学家所追求的对于世界的理解导致了各种实验科技与技术的发展,这些实验科技与技术如今构成了科学方法和实践的支柱。

我们在"导言"中剩下的两个主张是,哲学在实践上是有帮助的,并且是内在固有地有趣的。除了提升思想的清晰性以及对证据和论证的认真关注——这无疑在我们的各行各业中都是有用的——之外,哲学又如何具有实践效用呢?呃,坦率地说,哲学中的很多内容都不

(*isn't*)具备实践效用；一些哲学家投入大量时间甚至整个职业生涯来进行研究的许多论题根本没有任何实践后果。日常生活中，没有什么事情是真正取决于每当你有两种事物——例如，一块巧克力蛋糕和一杯好茶——之时，你是否就会自动拥有第三种事物，即由巧克力蛋糕和好茶所构成的复合对象"一－块－巧－克－力－蛋－糕－－一－杯－好－茶"。(你可能会说，"当然不会是这种情况！"但是，你可能会相信人群——人群不过就是人的集合——与房屋——房屋也不过只是砖块和砂浆的适当装配。那么，为什么你相信人群，却不相信"一－块－巧－克－力－蛋－糕－－一－杯－好－茶"呢？)再来想一想，日常生活中没有什么事情真正取决于你是否认为有充分的理由相信外部世界是存在的，而不是复杂精巧的计算机模拟。无论你多么强烈地感受到你并不具备良好理由来相信外部世界是存在的哲学论证效力的吸引力，作为心理上的必需，你都将继续相信外部世界是存在的。如果你不相信我们，那么就请你自己试一试。（当然，如果你像电影《黑客帝国》中的尼奥那样，有一天发现自己摆脱了模拟世界，那么，所有的事物肯定会大不相同。）

但是，重要的是不要过度普遍化哲学的上述**所有**（*all*）特征。一方面，你可能永远无法十分确定哲学中哪个看上去深奥难懂的东西会对实践上真正重要的事情变得至关重要（crucial）。被公认为是现代计算理论奠基人之一的艾伦·图灵（Alan Turing），通过提出一个明显的哲学问题"机器可以思考吗"基本上发明了人工智能这一领域。因此当机器人接管并奴役我们所有人之时，你可以责怪他。但是，更重要的是，哲学中的很多东西实际上是有用的——至少在某种意义上说，我们为了决定如何采取行动而询问自己的许多问题，至少部分是哲学问题。当我的朋友问我是否喜欢他的新发型时，我可以撒谎吗？鉴于我真的对所涉及的议题没有很好的把握，只有一些本能感受(gut feeling),那么,我可以在选举中投票吗?我可以合法地对那些真正丑陋的当代艺术作品表现出无礼,还是说,我应该考虑一下这些作品除了看起来很美之外还有其他目的的可能性?

而且,许多哲学家直接关心一些实践问题:婚姻是好事还是坏事?吃肉在道德上可以接受吗?在什么情况下会获得——比如说,对于性行为,或者对于某一医疗手段(a medical procedure)——真正的同意(consent)?哪些武器应受到国际禁令的限制?色情文学是不是仇恨言论(hate speech)的一种形式,因此应被定为违法吗?等等。

当然,正如我们在整本书中一再看到的那样,不幸的是,能够清晰地、以见识广博的(well-informed)方式思考问题并不必然产生一种你可以对之很有信心的答案——当涉及实践行动的时候,诚然,这就会使哲学显得没有你想象的那么有用。但是请这样想:如果你已配备好相关资源来对相关问题进行清晰地、见识广博地思考，至少你可以确信的是——在是否成为素食主义者或者是否告诉你朋友他的发型很糟糕等事情上，不论你采取什么样的行为——你的行为并非出于完全见识短浅的混乱头脑。我们认为，纯粹出于见识短浅的混乱头脑来行事的做法可不是一件好事情。如果没有别的情况，那么你至少可以——向自己或向责备你的任何人——辩护自己的行动。也许出于你坚信康德关于讲述真相的律令（imperative）是一种普遍道德法则的观点是正确的，因此你向朋友讲述了关于他发型的真相，虽然你的朋友或许不会被你说的真相所打动，但至少他不能指责你是草率而欠思量的。

关于第二种主张——哲学具有内在固有的（intrinsic）趣味性——我们真正能说的全部内容就是，我们发现哲学确实就是这样的，而且在整个历史和整个世界中还有无数其他人也都认为哲学具有内在固有的趣味性。我们希望你能发现我们这本书也具有内在固有的趣味性。如果你并不这么觉得的话,那么好吧,哲学就不适合于每个人的口味。(即使从原则上讲,哲学适合你的口味,我们的这本书也可能不符合你的口味。那就请你继续尝试另一本书吧;你也许会更喜欢那本书。)但是,如果你成功地在很长时间都没有偶然碰到任何哲学问题的话,我们会感到非常惊讶。我们希望,当你遇到相关的哲学问题时,你现在至少能够将这些问题识别为哲学问题了。或许你甚至发现自己很想弄清楚如何回答这些哲学问题。

进阶阅读材料

一般性读物

有很多哲学入门书籍；你可以在互联网上轻松找到相关推荐。如果你想初步了解大陆哲学——本书完全没有涵盖到的内容——你可以尝试阅读西蒙·克里奇利(Simon Critchley)撰写的《大陆哲学：一个十分简短的介绍》(*Continental Philosophy: A Very Short Introduction*, Oxford University Press, 2001)。

为了更加全面地了解哲学所涵盖的主题和传统的多样性，你可能希望访问以下两个主要的哲学播客站点："没有间断的哲学史"(*History of Philosophy Without Any Gaps*, https://historyofphilosophy.net)，这是一个庞大且不断增长的播客资源,其中包括古典哲学、伊斯兰哲学、中世纪哲学、印度哲学和非洲哲学;"哲学有影响"(*Philosophy Bites*, http://www.philosophybites.com),它收录了数百篇有关哲学家的访谈,涉及从生物伦理学到佛教、从女权主义到友谊、从可持续性到体育的广泛主题。使用其搜索框就可以查找本书中讨论或提到的许多主题的播客。

第一章

本章的第一部分处理的是个人同一性这一主题,试着阅读一下戴维·休梅克(David Shoemaker)撰写的《个人同一性与伦理学:一个简洁的介绍》(*Personal Identity and Ethics: A Brief Introduction*, Broadview Press, 2009)。如果你发现有关男女心理和脑部差异的讨论很有趣,那么你可能会喜欢心理学家科迪莉亚·法恩(Cordelia Fine)的在线讲座：http://www.abc.net.au/radionational/programs/philosopherszone/the-galaxy-of-gender/6563092。关于自由意志，可以尝试阅读海伦·毕比（Helen Beebee）撰写的《自由意志：一个介绍》（*Free Will: An Introduction*, Palgrave Macmillan, 2013）。

第二章

有关知识论的一般性的理论介绍，你可以尝试阅读珍妮弗·内格尔（Jennifer Nagel）撰写的《知识：一个十分简短的介绍》（*Knowledge: A Very Short Introduction*, Oxford University Press, 2014）。如果你的兴趣在那些更为实用性的方面，哈里·法兰克福（Harry Frankfurt）撰写的《论扯淡》（*On Bullshit*, Princeton University Press, 2005）一书更为详细地探讨了扯淡，其优点是篇幅只有67页；你还可以收听米兰达·弗里克（Miranda Fricker）在"哲学有影响"上的播客节目《认知的不公正》(epistemic injustice, http://philosophybites.com/2007/06/miranda_fricker.html)。

第三章

有关科学的哲学讨论的概述，你可以看看萨米尔·奥卡沙（Samir Okasha）撰写的《科学哲学：一个十分简短的介绍》(*Philosophy of Science: A Very Short Introduction*, Oxford University Press, 2016)。珍妮特·D. 斯坦姆韦德尔（Janet D. Stemwedel）在"科学美国人"(the *Scientific American*) 网站还有一篇关于科学与科学哲学之间关系的很棒的博客（https://blogs.scientificamerican.com/doing-good-science/what-is-philosophy-of-science-and-should-scientists-care/）。

第四章

"哲学有影响"播客上面有许多将哲学思考应用于道德问题的采访影像集；你可以尝试观看丽贝卡·罗彻（Rebecca Roache）关于堕胎是与非的讨论（http://podcasts.ox.ac.uk/rights-and-wrongs-abortion）或者是朱莉娅·安娜斯（Julia Annas）关于美德伦理学的讨论（http://philosophybites.com/2014/12/julia-annas-on-what-is-virtue-ethics-for.html）。朱利安·巴吉尼（Julian Baggini）撰写的《无神论：一个十分简短的介绍》（*Atheism: A Very Short Introduction*, Oxford University Press, 2003）一书中有关于无神论伦理学的很好的讨论章节，涵盖了第三章和第四章中介绍的其他一些观点。